C.H.BECK WISSEN

Die Philosophie der Antike umfasst einen Zeitraum von ungefähr 1100 Jahren. Sie bildet eine der bewegtesten und reichsten Perioden der Philosophiegeschichte überhaupt. Vor den Griechen existierte philosophisches Denken nirgendwo im Mittelmeerraum – vielleicht ja sogar nirgendwo auf der Welt. Die Einführung liefert einen komprimierten Überblick über die wichtigsten Denker und Schulen der antiken Philosophie.

Christoph Horn ist o. Professor für Praktische Philosophie und Philosophie der Antike an der Universität Bonn. Bei C.H.Beck ist von ihm erschienen: *Augustinus* ([3]2015), *Antike Lebenskunst* ([3]2014), *Wörterbuch der antiken Philosophie* ([3]2008, mit Christof Rapp).

Christoph Horn

PHILOSOPHIE DER ANTIKE

Von den Vorsokratikern bis Augustinus

C.H.Beck

Für Anna und Moritz

2. Auflage. 2020

Originalausgabe

www.chbeck.de
Reihengestaltung Umschlag: Uwe Göbel (Original 1995, mit Logo),
Marion Blomeyer (Überarbeitung 2018)
Umschlagabbildung: Mosaik aus Pompeji, 1. Jh. n. Chr.,
Museo Nazionale Archeologico, Neapel; akg-images
Satz: C.H.Beck.Media.Solutions, Nördlingen
Druck und Bindung: Druckerei C.H.Beck, Nördlingen
Printed in Germany
ISBN 978 3 406 75174 5

myclimate

klimaneutral produziert
www.chbeck.de/nachhaltig

Inhalt

Vorwort 7

1. Die Anfänge:
Wie beginnt die philosophische Welterklärung? 9

2. Das fünfte Jahrhundert:
Philosophie in der Blütezeit Athens 28

3. Klassische Philosophie:
Platon und Aristoteles 41

4. Hellenistische Philosophie:
Nicht nur Kontroversen über die richtige Lebenspraxis 65

5. Philosophie in Rom:
Übersetzungsleistungen 80

6. Kaiserzeit und Spätantike:
Heidnischer und christlicher Platonismus 94

Antike Philosophie: Zeittafel 113

Literatur 117

Personenregister 121

Werkabkürzungen 124

Vorwort

Wollte man die antike Philosophie präzise datieren, so ließe sich behaupten, sie beginne im Jahr 585 v. Chr. und ende im Jahr 529 n. Chr. Das erste Datum kennen wir, weil Thales von Milet, der früheste für uns greifbare Philosoph, bezogen auf dieses Jahr eine Sonnenfinsternis vorhersagte. Das zweite Datum ist das Jahr der Schließung der letzten nicht-christlichen Philosophenschule im Römischen Reich, der neuplatonischen Akademie in Athen, durch Kaiser Justinian. Akzeptiert man diese beiden Daten, so umfasst die antike Philosophie einen Zeitraum von etwa 1100 Jahren. Es handelt sich um eine der bewegtesten und reichsten Phasen in der Philosophiegeschichte überhaupt. Vor den Griechen existierte philosophisches Denken nirgendwo im Mittelmeerraum – vielleicht ja sogar nirgendwo auf der Welt. (Letzteres hängt davon ab, was genau man unter ‹Philosophie› versteht.) Nach dem Ende der Athener Akademie gab es zwar weiterhin philosophisches Denken, auch organisiert in Institutionen; dieses stand aber für Jahrhunderte weitgehend unter der Autorität der christlichen Kirche.

Zugegebenermaßen ist eine solche Abgrenzung aber pseudopräzise. Einerseits ist zu betonen, dass die Anfänge der antiken Philosophie nicht allein an der Person des Thales festzumachen sind. Der Übergang von mythisch-religiösen Denkformen zu theoretischen Welterklärungen lässt sich bereits bei Homer und Hesiod greifen und ist als komplexer Prozess zu beschreiben. Thales spielt dabei eine herausgehobene Rolle, aber nicht die einer isolierten Gründerfigur. Andererseits darf man nicht vergessen, dass die Philosophie auch im christlich gewordenen Europa (und im islamischen Vorderen Orient) ihren Platz behielt und zum einen als Bildungsgut bewahrt wurde, zum anderen sachlich weitergeführt worden ist. Auch wenn man die Jahrhunderte, die man im Westen als ‹frühmittelalterlich›, im Osten als ‹frühbyzantinisch› bezeichnet, für weniger fruchtbar und interessant halten mag, besteht doch eine grundsätzliche Kontinuität zur Philosophie der Antike.

Die Schwierigkeit einer genauen Abgrenzung der Epochen deutet somit auf ein Problem hin, mit dem diese Einführung durchgehend konfrontiert ist: Vieles muss knapper und eindeutiger präsentiert werden, als es eigentlich gesagt werden sollte. Ein einführendes Buch kann auf den wenigen verfügbaren Seiten natürlich nur die Grundlinien eines solchen komplexen Stoffs entwickeln. Dennoch soll hier versucht werden, mehr als nur ein kondensiertes Extrakt zu liefern. Meine Hoffnung ist es, dass sich auch auf engem Raum einiges von der gedanklichen Attraktivität der antiken Philosophie einfangen lässt.

Danken möchte ich an dieser Stelle Dr. Anna Schriefl für zahlreiche Verbesserungsvorschläge, Malte Kuhfuß für die Erstellung des Registers – und ebenso Anna und Moritz für ihre Mithilfe.

Bonn, im März 2012
Christoph Horn

1. Die Anfänge: Wie beginnt die philosophische Welterklärung?

Die antike Philosophie beginnt an der Ägäis-Küste der heutigen Türkei, im griechischen Siedlungsgebiet Kleinasiens, gegen Anfang des sechsten Jahrhunderts v. Chr., und zwar mit einer besonders schillernden Figur: mit Thales von Milet. Thales war zugleich Astronom, Mathematiker, Ingenieur, Naturforscher und Politiker. Was ihn für uns interessant macht, ist, dass er zudem auch die erste *philosophische* Deutung der Realität zu geben versuchte.

Aber der Reihe nach. Als Astronom trat Thales in Erscheinung, indem er die Sonnenfinsternis des Jahres 585 v. Chr. prognostizierte. Als Mathematiker beschäftigte er sich mit Trigonometrie und berechnete beispielsweise die Höhe der ägyptischen Pyramiden; zudem schrieb er ein nautisches Handbuch für Seefahrer. Als Ingenieur lässt sich Thales betrachten, weil er einen Fluss umleitete, um so den Weitermarsch eines Heeres zu ermöglichen. Als Naturforscher kann man Thales insofern ansehen, als er sich mit der Frage auseinandersetzte, wie es in Ägypten zu den regelmäßigen Überschwemmungen des Nils kommt. Dass jemand auf so vielen Gebieten Herausragendes leisten kann, ist äußerst ungewöhnlich. Tatsächlich war Thales bereits in der Antike legendär, und sein Ruf als Gelehrter galt als sprichwörtlich. Nicht umsonst beginnt mit ihm die Reihe der ‹Sieben Weisen›: Er gehört (zusammen mit Pittakos, Bias, Solon, Kleoboulos, Myson und Chilon) zu den wichtigsten Exponenten der archaischen Moral und Lebenseinstellung in Griechenland. (Es handelt sich dabei um eine Moral des rechten Maßes und der Besonnenheit.) Nach einer Anekdote, die uns Aristoteles erzählt, betätigte sich Thales sogar als kluger Geschäftsmann: Er soll rechtzeitig vor einer üppigen Olivenernte sämtliche Ölpressen aufgekauft und dann gegen eine hohe Miete verliehen haben, um so zu beweisen, dass man auch als Philosoph zu Geld kommen kann (*Politik* I.11). Eher weltfremd wirkt er dagegen in der berühmtesten Anekdote, die sich um seine Person rankt: Als Thales eines Nachts den Himmel beobachtete und nicht darauf achtete, wo er hintrat, stürzte er in einen Brunnen – unter dem Gelächter einer thrakischen Magd, die ihn beobachtete (Platon, *Theaitetos* 174a). Die Magd bringt durch ihr Lachen den *common sense*-Verdacht zum Ausdruck, dass Philosophen durch ihre hochfliegenden Gedanken ihre Alltagstauglichkeit einbüßen.

Die philosophisch zentrale Leistung des Thales ist aber, dass er die erscheinende Wirklichkeit, wie wir sie aus der Erfahrung kennen, auf ein grundlegendes Prinzip zurückzuführen suchte. Für Thales ist das Wasser dasjenige, «woraus jedwedes Seiende ursprünglich besteht, woraus es als Erstem entsteht und worein es als Letztem untergeht, wobei das Wesen fortbesteht und nur seine Eigenschaften wechselt» (DK 11A12). Was uns Aristoteles hier über Thales berichtet, ist die Idee, man könnte sich alle Dinge in der Welt als Ausdifferenzierungen von Wasser denken. Laut Aristoteles war Thales «der Urheber dieser Art von Philosophie», nämlich derjenigen Denkweise, bei der man alles Seiende auf ein dahinterstehendes Prinzip (*archê*) oder Element (*stoicheion*) zurückführt. Die Theorie, wonach alles aus einem Prinzip zu erklären sein soll, lässt sich als *explanatorischer Monismus* bezeichnen. Für Thales' Idee eines explanatorischen Monismus ist es kennzeichnend, dass er Argumente zu seiner Stützung aufbot. Um plausibel zu machen, dass das Wasser die Ur-Substanz der Welt ist, wies er darauf hin, dass die Nahrung aller Lebewesen wässrig sei und auch die Samen, aus denen sie entstehen, eine flüssige Form hätten. Thales meinte zudem (wenn auch fälschlich), die Landmasse der Erde schwimme auf dem Wasser des Meeres.

Trotz aller Innovationen unterscheidet sich Thales' explanatorischer Monismus aber nicht gänzlich von der Erklärungsart, die man von Mythen und aus dem Epos gewohnt ist. Es wäre falsch anzunehmen, die Philosophie sei gleichsam aus dem

Nichts entstanden. Homer und besonders Hesiod liefern in ihren Epen ebenfalls Welterklärungen grundlegender Art. In der *Theogonie* des Hesiod wird die Weltentstehung aus dem Chaos (d. h. dem leeren Raum oder Abgrund) beschrieben und das göttliche Urpaar Ouranos (Himmel) und Gaia (Erde) eingeführt, aus dem sich mehrere Generationen von Göttern und schließlich auch die sterblichen Lebewesen herleiten. Es liegt auf der Hand, dass der explanatorische Monismus des Thales dem des Hesiod aspektweise gleicht. Anders als Hesiod greift Thales allerdings weder auf personale göttliche Mächte noch auf traditionelle Erzählstoffe zurück; er erklärt die Welt aus einem materiellen und natürlichen Prinzip und bedient sich hierfür argumentativer Mittel. Dem widerspricht nicht, dass uns Thales' Ansicht überliefert ist, dass «alles voll von Göttern» sei (DK 11A22). Hierin kommt nicht so sehr eine Fortdauer der mythischen Sichtweise zum Ausdruck. Vielmehr ist die These gemeint, das gesamte Universum sei ein lebender Organismus. Beispielsweise interpretierte Thales Magnete als ‹beseelt›, weil sie augenscheinlich ein Prinzip der Selbstbewegung sowie der Anziehung von Eisen in sich tragen.

Die Form von Philosophie, wie Thales sie erfand, setzt als eine eigenständig betriebene Disziplin die Tendenz vieler, vielleicht sogar aller Menschen fort, sich grundlegende Fragen über ihr Leben und die sie umgebende Welt zu stellen und diese mit theoretischen Mitteln zu beantworten. Einmal entdeckt, scheint Philosophie eine so attraktive Sache zu sein, dass sie aufgegriffen und fortgeführt wird. Man rubriziert die Autorengruppe des sechsten und fünften Jahrhunderts, die nach Thales Philosophie betrieb, gewöhnlich als ‹die Vorsokratiker› – was insofern fragwürdig ist, als die Philosophen vor Sokrates, die Thales' Impuls aufgriffen, sachlich nur wenig miteinander teilen. Das Besondere ihrer Fortführung liegt vielmehr darin, dass sie Philosophie nicht repetitiv, sondern als selbständige Aneignung weiterbetrieben. Jeder Philosoph setzte neu an, indem er aufgriff, was ihn an den Erklärungen seiner Vorgänger überzeugte, aber auch klarstellte, was er für falsch hielt und was ihm stattdessen als angemessene Welterklärung erschien.

Es ist nicht überraschend, dass sich eine solche Theoriendynamik zunächst in Bezug auf Thales' Heimatstadt Milet beobachten lässt. Jedenfalls trat der zweite für uns greifbare Philosoph, Anaximander von Milet, räumlich und thematisch in so unmittelbarer Nähe auf, dass man glauben muss, er habe sich direkt an Thales orientiert. Von Anaximanders Lebensdaten wissen wir nur, dass er im Jahr 546 v. Chr. das Alter von 64 erreicht haben soll. Für Anaximander ist «Prinzip und Element das Unbegrenzte» (*to apeiron*: DK 12A1 und 9–12). Das *apeiron* ist ewig, unendlich groß und ohne bestimmte Qualitäten. Anaximanders Überlegung könnte hier gewesen sein, dass das, woraus alle zeitlich aufeinander folgenden Dinge entstehen, selbst ohne Entstehung sein muss. Ebenso muss das, woraus alles nach Eigenschaften Differenzierte hervorgeht, selbst übergegensätzlich sein. Während manches in der Welt warm, anderes kalt ist, manches trocken, anderes feucht, zeigt das *apeiron* keines dieser Merkmale. Bemerkenswerterweise besitzen wir von Anaximander das erste wörtlich überlieferte Textstück der griechischen Philosophie überhaupt (von Thales existieren nur Berichte). Dieses Fragment, das in einen Bericht des spätantiken Autors Simplikios eingebettet ist, lautet:

> Und was für die seienden Dinge die Quelle des Entstehens ist, dahin vollzieht sich auch ihr Vergehen «gemäß der Notwendigkeit; denn sie strafen und vergelten einander gegenseitig ihr Unrecht nach der Ordnung der Zeit», wie er es mit diesen ziemlich poetischen Worten ausdrückt.

Das wörtlich überlieferte Textstück beschränkt sich auf die Worte innerhalb der Anführungszeichen. Anaximander beschreibt hier die zeitliche Abfolge der Dinge als eine Art Gerechtigkeitsordnung, bei der das Vergehen einer Entität als Bezahlen der Strafe für das Unrecht aufgefasst wird. Welches Unrecht meint er dabei – vielleicht die Tatsache ihrer Entstehung *als Einzeldinge*? Zumindest könnte in dem Fragment eine Theorie angedeutet sein, die erklären soll, wie die Dinge hintereinander aus dem *apeiron* hervorgehen. Die Zeit erscheint dabei als die übergreifende kosmische Gerechtigkeit, die alles mit strenger Notwendigkeit aufeinander folgen lässt.

Anaximander führte aber auch die naturwissenschaftlich-technische Seite des Thales fort: Er zeigt ein besonderes Interesse daran, Erdbeben zu prognostizieren, Sonnenfinsternisse vorherzusagen und meteorologische Phänomene zu erklären. Auch soll er den ‹Gnomon› nach Griechenland importiert haben – einen Stab zur Messung des Sonnenstandes (KRS 95). Zudem hat er als erster «die ganze bewohnte Welt auf eine Tafel» gezeichnet, d. h. die erste Weltkarte erstellt (KRS 98). Er fasste die Erdoberfläche als mathematisch beschreibbar auf; dabei deutete er die Erde als zylinderförmig, wobei sie in der «Tiefe ein Drittel ihrer Breite groß» sein sollte.

Der dritte milesische Autor ist Anaximenes. Als sicher gilt, dass er Schüler des Anaximander war. Anaximenes interpretierte die Luft (*aêr*) als das Prinzip, aus welchem alles entsteht. Um plausibel zu machen, wie die Elementarqualitäten des Feuchten, Trockenen, Warmen und Kalten aus der Luft hervorgehen können (und entsprechend Wasser, Feuer und Erde), bediente er sich der Vorstellung, es handle sich bei ihnen um Verfeinerungen oder Verdichtungen von Luft. So entstehe etwa jene Warmluft, die den Mund eines Menschen verlässt, durch die Verdichtung des Luftstroms an den Lippen. Eine plausibilisierende Größe bildeten für Anaximenes offenbar auch markante Wetterphänomene wie der Regen: Am Himmel entstehen gleichsam aus dem Nichts große Wolken, die Regen auf die Erde fallen lassen. Dies zeige die generierende Kraft der Luft.

Sicherlich der schwierigste unter den vorsokratischen Philosophen ist Heraklit (ca. 520–460 v. Chr.). Bereits in der Antike war seine Dunkelheit sprichwörtlich. Die etwa 120 überlieferten Fragmente, die aus dem einzigen Buch stammen, das er schrieb, sind meist pointierte, aphorismen-artige Kurztexte. Sie vermitteln sofort den Eindruck, dass man es mit einem originellen und hintergründigen, aber auch schwer zu enträtselnden Autor zu tun hat. Heraklits Texte enthalten häufig Paradoxien und sind oft mehrdeutig, bildhaft und reich an Metaphern. Die Heraklit-Deutungen, beginnend mit derjenigen Platons, divergieren denn auch ganz erheblich. Es scheint so, als habe Heraklit die uneindeutige Präsentationsform bewusst gewählt, um für Leser, die seiner Philosophie kein ausreichendes Verständnis entgegenbringen, unzugänglich zu bleiben. Tatsächlich berichten uns die wenigen biographischen Nachrichten, die wir über Heraklit besitzen, von seinem extremen Elitarismus.

Heraklit verbrachte sein ganzes Leben im ionischen Ephesus, das nicht weit von Milet entfernt ist. Es liegt daher nahe, an einen Einfluss der Milesier zu denken; er selbst charaktersiert sich jedoch als unabhängigen Autodidakten (DK 22B101). Gelesen hat Heraklit mit Sicherheit alle ihm zugänglichen Autoren, setzt sich von ihnen aber markant ab. Das zeigt sich bereits an seiner Ablehnung der ‹Vielwisserei› (*polymathiê*), die nichts zum wirklichen Verständnis der Welt beitrage (DK 22B40). Er soll der Ansicht gewesen sein, die menschlichen Meinungen seien ‹Kinderspielzeug› (DK 22B70).

Sein Buch scheint weder einem einzigen Thema gewidmet zu sein (sondern sowohl prinzipientheoretische als auch kosmologische, religionsphilosophische sowie politisch-ethische Fragen behandelt zu haben) noch eine kohärente Gedankenführung aufgewiesen zu haben (die erhaltenen Fragmente waren wohl als Epigramme aneinandergereiht). Bereits Platon und Aristoteles warfen die Frage auf, ob Heraklit gegen den Satz vom zu vermeidenden Widerspruch verstoßen habe – und wenn ja, ob dies in der Absicht geschehen sei, die paradoxale Natur der Welt vorzuführen. Dann wäre Heraklit als Irrationalist oder Mystiker anzusehen. Dafür spricht, dass er die Lehre von der Koinzidenz der Gegensätze vertreten zu haben scheint (DK 22B12). Platon selbst fasste ihn eher als radikalen Prozess- oder Fluss-Theoretiker auf, welcher behauptet, alles sei in einem permanenten Wandel begriffen, so dass man nichts Feststehendes und Invariantes in der Welt ausmachen könne (DK 22A6 und B49a).

Heute wird dies allerdings meist als ein Missverständnis der Koinzidenzlehre angesehen. Die Fluss-Fragmente verweisen wohl nicht auf einen prinzipiellen Relativismus, und folgerichtig muss Heraklit auch nicht als Irrationalist angesehen werden. Dem Kern der Philosophie Heraklits dürfte man vielmehr näher kommen, wenn man sich an folgendem Fragment orientiert: «Wenn man nicht auf mich, sondern auf den Logos hört, dann ist es weise zuzustimmen, dass alles eines ist» (DK 22B50). Die Welt wird damit als ein einheitlich strukturiertes Ganzes aufgefasst. Die These von der Einheit der Welt wäre mithin im Sinn eines Monismus, der möglicherweise stofflich-materiell ausgerichtet ist, zu verstehen: Alle Dinge in der Welt sind Feuer. Bei Heraklit lässt sich klar die Vorstellung identifizieren, alle Dinge seien letztlich Manifestationen dieses einen Elements (DK 22B30).

Ein wichtiges Motiv Heraklits besteht in der Blindheit oder Ignoranz der überwiegenden Mehrheit der Menschen gegenüber dem, was er selbst als Wahrheit identifiziert. Dieses Unverständnis attestiert er ihnen besonders in Bezug auf die Frage, wie die in der Welt erscheinenden Gegensätze gleichwohl als Ausdruck einer umgreifenden Einheit verstanden werden können. So sagt er etwa (DK 22B51):

> Sie verstehen nicht, wie das Gegensätzliche mit sich selbst übereinstimmt: eine gegenläufige Harmonie wie bei Bogen und Leier.

Die Pointe des Vergleichs, den Heraklit hier anstellt, ist wohl, dass der hölzerne Bogen in einem ganz wörtlich genommenen ‹angespannten› Verhältnis zu den Saiten der Leier stehen muss, um Töne zu ermöglichen. Die Existenz von Gegensätzlichem bildet also nicht nur kein Hindernis für eine vereinheitlichende Betrachtung der Welt, sondern ist gerade Ausdruck des produktiven Prinzips, welches in ihr wirksam ist. So bezeichnet Heraklit in einem weiteren Fragment den Krieg (*polemos*, d. h. den Widerstreit des Gegensätzlichen) geradezu als den «Vater von allem» sowie als «König von allem» (DK 22B53). Das Meer, so betont Heraklit in einem ähnlich orientierten Epigramm, enthält zugleich das sauberste wie das schmutzigste Wasser, insofern es für Fische trinkbar und erhaltend sei, für Menschen dagegen ungenießbar und schädlich (DK 22B61). Hier ist neben der Gegensätzlichkeit der verschiedenen Lebenswelten offenbar zugleich die Relativität unserer Urteile (‹X ist trinkbar›, ‹Y ist schädlich›) angesprochen. Dass man auf denselben Gegenstand entgegengesetzte Merkmale beziehen kann, heißt nicht, dass damit eine konsistente Beschreibung der Welt unmöglich gemacht würde.

Im Bereich des richtigen Handelns und guten Lebens ist bei Heraklit zunächst der Satz bedeutend (DK 22B112):

> Besonnensein ist die größte Tugend. Und die Weisheit besteht darin, das Wahre zu sagen und zu tun gemäß der Natur, indem man hinhört.

Heraklit vertritt hier ein theoretisches Lebensideal: Indem man auf das einheitliche Weltprinzip hinhört und es versteht, erlangt man eine Weisheit, die sich am Übergegensätzlichen orientiert. Hier erscheint erstmals in der griechischen Philosophie ein normativer Naturbegriff; ein Leben gemäß der Natur (*kata physin*) wird in der klassischen und hellenistischen Ethik eine der zentralen Formeln für eine angemessene Lebensführung abgeben. In gewisser Weise, so Heraklit, sind wir selbst es, die durch Einsicht oder Uneinsichtigkeit über unser Lebensschicksal entscheiden. «Für einen Menschen ist sein Charakter sein Daimon» (DK 22B119). Wenn man sich klarmacht, dass ein Daimon ein göttlicher Schutzgeist ist, muss das Epigramm in etwa besagen, dass jeder für sein Glück oder Unglück aufgrund seines Charakters selbst verantwortlich ist.

Ein wichtiges neues Kapitel der Philosophie wird, weit von den ionischen Anfängen entfernt, in Italien aufgeschlagen: die Schule der Eleaten. Der kleine Ort Elea (jetzt Velia) liegt in Süditalien, in der heutigen Provinz Salerno. Die Eleaten stehen in erster Linie für ein neuartiges logisch-begriffliches Argumentieren; sie versuchen, für ihre Positionen zwingende Überlegungen ins Feld zu führen. Zentral für ihre Schule sind drei Namen, nämlich Parmenides, Zenon und Melissos. Man kann Xenophanes von Kolophon, den Lehrer des Parmenides, vielleicht noch als einen Vorläufer zum Eleatismus hinzurechnen.

Die Philosophie des Xenophanes (etwa zwischen 570 und 475 v. Chr.) enthält hauptsächlich einen interessanten Punkt: eine revisionäre Form von Religionsphilosophie. Während nämlich nach allgemein geteilter, traditioneller Auffassung eine Vielzahl von Göttern existiert, vertrat Xenophanes die neuartige Meinung, es gebe nur einen einzigen Gott, oder richtiger: Es gebe einen größten unter den Göttern (Henotheismus). Diese Vorstellung untermauerte Xenophanes mit einem indirekten Argument, das in der späteren Religionskritik einige Bedeutung erlangte: Danach handelt es sich bei den vielen Göttern und ihren Attributen um anthropomorphe Projektionen. Xenophanes wandte sich gegen die Epen Homers und Hesiods, in denen die Götter als stehlende, ehebrechende und betrügende Figuren dargestellt wurden. Er lehnte die Vorstellung ab, sie seien gezeugt und geboren, hätten Kleider, eine Stimme oder einen Körper. Zudem weist er in kritischer Absicht darauf hin, dass «die Äthiopier sagen, ihre Götter seien stumpfnasig und schwarz, und die Thraker behaupten, die ihren hätten hellblaue Augen und rote Haare» (KRS 168). Könnten Rinder, Pferde und Löwen Götterbilder herstellen, dann, so Xenophanes, würden sie rinds-, pferde- und löwengestaltige Götterfiguren erschaffen. Der Gott, den er als ‹größten› bezeichnet, gleicht denn auch «weder dem Körper noch dem Geist nach den Sterblichen» (KRS 170). Vor allem aber wird er als denkendes, geistiges Wesen bestimmt: «Als Ganzer sieht, als Ganzer denkt er, und als Ganzer versteht er» (KRS 172).

Die zentrale Figur der eleatischen Schule ist Parmenides. Seine Lebensdaten liegen vermutlich zwischen 515 und etwa 445 v. Chr. Parmenides ist bereits eine Figur des fünften Jahrhunderts, und Platon lässt ihn denn auch als alten Mann in einer (historisch nicht ganz unmöglichen) literarischen Fiktion mit dem jungen Sokrates zusammentreffen. Parmenides' philosophische Position ist schwer zu interpretieren: Er vertritt wohl einen metaphysischen Monismus, nämlich die Auffassung, dass es überhaupt nur eine einzige Entität wirklich gibt; aber was er damit sagen will, lässt verschiedene Deutungen zu. Die Philosophie des Parmenides ist uns lediglich in ungefähr 160 Hexameter-Versen erhalten, die zu einem Lehrgedicht gehören, welches ursprünglich wohl 800 Verse umfasste. Das Gedicht besteht aus einem Proömium (Einleitungsteil), einem affirmativen, behauptenden Textstück (‹Wahrheitsteil›) und einer kritisch-destruktiven Passage, in der die gewöhnliche Meinung der Menschen zurückgewiesen wird (‹Doxa-Teil›; griech. *doxa*=Meinung).

Der Text beginnt mit einer Einleitungsszene, die als eine Fahrt im Pferdewagen zur Göttin und damit als eine Offenbarung geschildert wird. Die These, die Parmenides danach im affirmativen Teil des Gedichts der Göttin in den Mund legt, lautet, dass das, was ist, also das Seiende (*eon*), nicht nicht-sein kann. Dafür argumentiert er, indem er zeigt, dass man nur entweder das ‹Ist› oder das ‹Nicht-Ist› behaupten kann: Es lässt sich nicht an beidem zugleich festhalten. Das Nichtseiende, so erfahren wir weiter, ist aber weder zu erkennen noch zu sagen. Da das ‹Nicht-Ist› damit als gangbare Alternative ausfällt, bleibt nur der Weg des ‹Ist› übrig. Was bedeutet Parmenides' These, dass das Seiende nicht nicht-sein kann? Offenbar wird hier das Notwendig-Sein von etwas behauptet. Aber es bleibt offen, welche Entität notwendigerweise sein soll. Weitere Indizien für das, was Parmenides im Sinn haben mag, ergeben sich aus den Merkmalen (*sêmata*) dieses Seienden (DK 28B8): Es ist, so Parmenides, «nichtentstanden und unzerstörbar, einzig, unbewegt, es war nicht einmal und wird nicht einmal sein, da es jetzt zugleich als Ganzes ist, als Eines, Zusammenhängendes»; zudem ist es «vollendet von allen Richtungen wie die Masse einer wohlgerundeten Kugel». Im Doxa-Teil des Lehrgedichts wendet sich Parmenides den ‹scheinhaften› menschlichen Meinungen zu. Dabei thematisiert er das ‹Nicht-Ist›; in diesem Bereich soll nur Wahrscheinlichkeit möglich sein. Was inhaltlich im Doxa-Teil folgt, läuft auf eine Kosmologie hinaus, in der die Welt als Kugel beschrieben wird. Parmenides war also durchaus der Meinung, dass man über die Welt unserer Erfahrung sinnvolle philosophische Aussagen treffen kann.

Die Eigenschaften des Seienden werden einesteils negativ bestimmt: Es ist nicht zeitlich, nicht veränderlich; anderenteils positiv: Es ist eines, homogen und ideal kugelförmig. Ist damit ein göttliches Absolutes beschrieben? Das ist möglich; plausibler ist es aber anzunehmen, dass Parmenides einfach sagen will, die im Denken erkennbare Welt sei nicht die veränderliche Welt unserer Sinneserfahrungen. Da er die Ansicht vertritt «Dasselbe ist das Objekt des Denkens und das Sein» (DK 28B2) und da Veränderlichkeit nicht wirklich denkbar ist, schließt er, dass nur das Identisch-Invariante wirklich sein kann. Das grundlegende Anliegen des Parmenides scheint somit darin zu bestehen, die Auffassung seiner philosophischen Vorgänger zurückzuweisen, die uns in der Erfahrung zugängliche Welt sei das wahre Seiende.

Eine Schwäche des parmenideischen Ansatzes liegt sicher darin, stark kontraintuitiv und revisionär zu sein. Sollten wir akzeptieren, dass es die Welt, in der wir leben, gar nicht wirklich gibt? Auf der anderen Seite hat die Zurückweisung von Vielheit und Veränderlichkeit auch etwas gedanklich Bestechendes: Nahezu alle weiteren Philosophen des fünften und vierten Jahrhunderts versuchten mit der Herausforderung des Parmenides irgendwie zurechtzukommen.

Parmenides' Schüler Zenon scheint diesen mit einer Reihe von wohlkonstruierten indirekten Argumenten unterstützt zu haben. Sie haben alle einen gemeinsamen Fluchtpunkt: Es ist begrifflich auszuschließen, so Zenon, dass es Bewegung und Veränderung gibt, und auch eine teilbare Ausdehnung von Raum und Zeit kann nicht wirklich existieren. Über Zenons Leben wissen wir nur durch den ersten Teil von Platons *Parmenides*. Eine plausible Rekonstruktion besteht darin anzunehmen, dass sein Geburtsjahr um 490 v. Chr. liegt. Zenon versucht, die absurden Konsequenzen vor Augen zu führen, die eine nicht-parmenideische Weltsicht zur Folge hat. Er soll ungefähr 40 ‹Paradoxien der Pluralität› entwickelt haben, die zeigen sollten, dass die Annahme, es gebe Vielfalt, Differenz, Bewegung und Veränderung, zu widersprüchlichen Konsequenzen führt. Nur zwei dieser Argumente sind uns in Zenons Originalfassung bei Simplikios überliefert; sieben weitere Paradoxa werden Zenon von Aristoteles zugeschrieben (und zurückgewiesen).

Authentisch sind das ‹Argument aus der Dichte› und das ‹Argument aus der endlichen Größe›. Das Erstere versucht die These ‹Es gibt Vielheit› dadurch ad absurdum zu führen, dass es einerseits hervorhebt, jede Vielheit müsse finit sein, sich also numerisch präzise angeben lassen; sie dürfe nicht mehr oder weniger umfassen als eben diese finite Anzahl. Andererseits müsse eine Vielzahl aber unbestimmt sein, weil es zwischen existierenden Entitäten immer weitere dazwischenliegende Dinge gebe und ebenso etwas zwischen diesen. Somit entsteht aber ein Widerspruch. Das Letztere besagt, dass aus ‹Es gibt Vielheit› folgt, dass das Viele keine Ausdehnung hat. Besteht das Viele aber aus größelosen, nicht-ausgedehnten Entitäten, so wird eine Entität durch ihre Hinzufügung oder Wegnahme nicht verändert; wenn etwas den Gegenstand, dem es hinzugefügt oder von dem es weggenommen wird, aber nicht verändert, dann ist er schlechterdings nichts. Beide Argumente operieren mit der Ambiguität unseres Verständnisses von Vielheit, das einerseits diskretes Vieles, anderes kontinuierliches meinen kann.

Bekannter als die im originalen Wortlaut verfügbaren sind die drei andere Paradoxa Zenons, die alle drei mit Bewegungsphänomenen zu tun haben: (a) das von Achill und der Schildkröte, (b) das vom Pfeil und (c) das vom Stadion. (a) Achill, der tapfere Held und schnelle Läufer aus dem Epos, kann eine Schildkröte niemals überholen, wenn er hinter ihr herläuft. Denn sooft Achill den räumlichen Punkt S_1 erreicht, an welchem sie zur Zeit t_1 gewesen ist, ist die Schildkröte zu einem Punkt S_2 vorgerückt, den Achill erst zum Zeitpunkt t_2 erreicht usw. Er holt sie daher niemals ein. (Was natürlich nicht stimmt.) (b) Ein mit dem Bogen abgeschossener Pfeil ruht in der Luft. Denn die Zeit setzt sich aus einzelnen Momenten zusammen, in denen der Pfeil einen festen Ort einnimmt. (Auch dies ist falsch.) (c) Wenn sich gleiche Körper in einem Stadion mit der gleichen Geschwindigkeit aus verschiedenen Richtungen aufeinander zubewegen, dann folgt daraus, dass die halbe Zeit (in der sich die Körper aneinander vorbeibewegen) gleich der doppelten ist (die von einem Ruhepunkt aus gemessen wird). Der Wert der Argumente liegt besonders darin, auf die Schwierigkeiten hinzuweisen, die sich aus einer Vermischung unserer Ideen von diskreten und kontinuierlichen Quantitäten ergeben.

Die zweite große Schule der Philosophie in Italien neben den Eleaten bildet der Pythagoreismus. Der von der Ägäis-Insel Samos stammende Pythagoras emigrierte um das Jahr 530 v. Chr.

nach Süditalien. Er gründete in Kroton eine Schule, die sich ihrem Geist nach als ‹Geheimgesellschaft› oder als ‹Männerbund› bezeichnen lässt. Diese verfolgte sowohl philosophische und wissenschaftliche Interessen als auch religiöse Ziele und politische Ambitionen. Von Kroton aus verbreitete sich der Pythagoreismus in mehreren süditalischen Städten; die Bewegung kam allerdings mit der ‹Katastrophe von 450› zu einem Ende, als sich nicht-pythagoreische Bewohner dieser Städte gegen die Herrschaft der Geheimbünde gewaltsam zur Wehr setzten.

Es charakterisiert diese Gemeinschaft zunächst, dass die Lehre des Pythagoras nur schulintern vermittelt wurde, also auf Geheimhaltung beruhte. Mehr noch, Pythagoras hinterließ keine Schriften, so dass wir auf spätere Quellen angewiesen sind, insbesondere den pythagoreischen Autor Philolaos (geb. ca. 470 v. Chr.), der offenbar keine Vorbehalte gegen eine offene Darstellung pythagoreischer Lehren hatte, sowie auf spätantike Berichte. Weiter ist es für die Pythagoreer kennzeichnend, dass die Schule nach dem Autoritätsprinzip funktionierte. Es galt das, was der göttliche Pythagoras als Doktrin vorgab; unter den Schülern kursierte die Formel «Er selbst hat es gesagt» (*autos epha*). Sodann wissen wir, dass die Schule einen schrittweisen Bildungsweg vorschrieb, ein Curriculum. Die Anfänger hießen ‹Akousmatiker›, da sie sich auf ein bloßes Zuhören beschränken mussten. Gelernt wurden primär Verhaltensregeln, welche strikt eingehalten werden mussten, um jede ‹Befleckung› der eigenen Seele zu vermeiden. Diese teilweise sehr detaillierten Vorschriften wirken auf uns obskur: Man müsse vielbegangene Straßen meiden, dürfe ein Feuer nicht mit dem Messer aufrühren, dürfe nicht gegen die Sonne urinieren, müsse beim Schuheanziehen mit dem rechten Fuß beginnen, beim Fußwaschen dagegen mit dem linken, oder man dürfe kein Fleisch und keine Bohnen essen. Aber sie beruhen grundsätzlich auf der pythagoreischen Philosophie, so etwa der Vegetarismus auf der Vorstellung einer Reinkarnation menschlicher Seelen in Tierkörpern.

Pythagoras' philosophische Position lässt sich als eine Reaktion auf den Monismus des Parmenides verstehen. Pythagoras unterschied eine Ebene der Realität, auf welcher invariante Entitäten existieren, von einer zweiten Ebene, die unserer Erfahrungswelt entspricht. Invariant sind für Pythagoras die ersten Prinzipien, die Eins (*hen*) und das Unbegrenzte (*apeiron*), sowie die Zahlen. Die Eins erzeugt alles Weitere, indem sie, wie es heißt, das *apeiron* ‹einatmet›. Die Zahlen gelten als das Seiende in dem Sinn, dass sie alles in unserer Wirklichkeit Erscheinende präfigurieren. So wird etwa die Zahl Vier (wegen ihrer Darstellbarkeit als 2 x 2) als ‹die Gerechtigkeit› interpretiert. Eine besondere Rolle im Pythagoreismus spielt die Zahl Zehn, weil sie sich aus den ersten vier natürlichen Zahlen durch Addition gewinnen lässt: 1 + 2 + 3 + 4. Diese ‹Tetraktys› (‹Vierergruppe›) besaß eine nahezu religiöse Funktion. Beispielsweise nahm Pythagoras die Existenz von zehn Himmelskörpern an.

Daneben war Pythagoras an mathematischer Forschung interessiert, insbesondere wenn es sich um die Aufdeckung einfacher, intuitiv einleuchtender und harmonischer Beziehungen handelte. Auch der ‹Satz des Pythagoras›, demzufolge im rechtwinkligen Dreieck die Summe der Flächeninhalte der Kathetenquadrate dem Flächeninhalt des Hypotenusenquadrats entspricht, geht vermutlich auf Pythagoras zurück. Berühmt ist ein Aspekt der ‹angewandten Mathematik› der Pythagoreer: die Musiktheorie. Pythagoras und seine Schule beobachteten, dass sich elementare akustische Harmonien wie die Oktave, die Quinte oder die Quarte als ganzzahlige Proportionen der Saitenlänge auf einem Instrument ausdrücken lassen. Die Oktave entsteht bei einer Proportion von 2 : 1, die Quinte bei einer Proportion von 3 : 2, die Quarte bei 4 : 3. Pythagoras brachte die Musik in eine mathematische Ordnung und erfand, wie man den Berichten entnehmen kann, die drei Tongeschlechter: diatonisch, chromatisch und enharmonisch. Er schloss daraus, dass sich die Welt insgesamt auf der Basis einfacher Zahlenproportionen beschreiben lässt, und folgerte, dass diese eine hörbare ‹Sphärenharmonie› erzeugen – den Klang der Welt, von dem er selbst behauptete, er nehme ihn wahr. Pythagoras' Begeisterung für Mathematik als Erklärungsprinzip der Welt hatte allerdings die Kehrseite, dass die Schule in eine schwere Krise geriet, als man die Inkommensurabilität von Seitenlänge und Diagonale im Quadrat entdeckte: Weist man der Seitenlänge die Größe 1 zu, so hat die Diagonale bekanntlich die Länge $\sqrt{2}$. Damit schien klar, dass es falsch ist anzunehmen, die Welt insgesamt lasse sich in einfachen, ganzzahligen Proportionen rekonstruieren.

Pythagoras' Schule hatte, gerade wegen ihres esoterischen Charakters, eine breite Wirkungsgeschichte. In der Spätantike bezeichneten sich zahlreiche Autoren erneut als Pythagoreer (wir sprechen von ‹Neupythagoreern›), die Pythagoras als einen Wundermann beschrieben und ihm alle wesentlichen Erkenntnisse über die Welt zuschrieben. Bei der Beschreibung des vorsokratischen Pythagoreismus muss man sich daher besonders davor hüten, insbesondere platonisierende Rückprojektionen aus der Spätantike vorzunehmen.

Ein weiterer italischer Philosoph ist Empedokles (483/2–424/3 v. Chr.). Er stammt aus Akragas auf Sizilien (heute Agrigento) und besaß möglicherweise Verbindungen zu den Pythagoreern. Empedokles ist der Autor zweier Schriften, der beiden Lehrgedichte *Über die Natur* (*Peri physeôs*) und *Reinigungen* (*Katharmoi*), von denen wir jeweils Fragmente besitzen. Das erste Gedicht behandelt naturphilosophische Fragen, besonders solche der Entstehung des Universums (Kosmogonie) und der Entstehung der Lebewesen (Zoogonie). Das zweite Gedicht hat das Schicksal der menschlichen Seele zum Gegenstand. Möglicherweise handelt es sich bei *Peri physeôs* und den *Katharmoi* nur um eine einzige Schrift; diese Hypothese ergibt sich jedenfalls aus der Entdeckung neuer Fragmente in einem Straßburger Papyrus (Martin/Primavesi 1999).

In den Textstücken, die man traditionell der Schrift *Peri physeôs* zuordnet, finden wir eine Theorie, nach der alle Dinge aus den vier materiellen Elementen zusammengesetzt sein sollen, aus Feuer, Erde, Luft und Wasser. Diese vier Grundstoffe sind elementar in dem Sinn, dass ihre Teilungsprodukte immer wieder Gleiches darstellen; sie sind ‹homoiomer›. Ein Quantum Wasser, das man zweiteilt, ergibt zwei Teilmengen Wasser (dagegen entstehen beim Zersägen eines Baumes nicht zwei Bäume). Hinzu kommen die beiden Grundkräfte Liebe (*philia*/*philotês*) und Hass oder Streit (*neikos*: DK 31B17). Die Elemente werden verbunden und trennen sich aufgrund der Einwirkung der beiden Grundprinzipien. Was wir als Entstehen und Vergehen wahrnehmen, ist also in Wahrheit nichts als die Kombination oder Trennung von Elementen unter dem Einfluss der Grundkräfte. Wie schon Pythagoras, so lässt sich auch Empedokles derart verstehen, dass seine Theorie auf die Herausforderung des Parmenides reagiert. Auch Empedokles beschreibt eine stabile, invariante Letztrealität hinter der erscheinenden Welt. In ihr herrscht – in einem ewigen Kreislauf – entweder die Liebe oder der Hass vor. In Zeiten der Liebe befinden sich alle Dinge in einer vollkommenen harmonischen Relation, die Elemente stehen zueinander im bestmöglichen Mischungsverhältnis. In Zeiten des Hasses geraten alle Entitäten dagegen in ein Spannungsverhältnis.

Empedokles' Universum ist zeitlich unendlich, räumlich dagegen begrenzt. Nach einer älteren Interpretation folgen Epochen der Liebe und solche des Hasses regelmäßig aufeinander: Sobald die Liebe die komplette harmonische Mischung der Elemente erreicht hat und eine ‹Sphäre› entstanden ist (d. h. eine kugelförmig-göttliche Idealgestalt des Kosmos: DK 31B27), beginnt der Hass an Macht zuzulegen, der die Ordnung der Elemente bis auf ein Minimum reduziert (vgl. DK 31B35). In diesem Zustand sind die Elemente in voneinander völlig getrennte Massen auseinanderdividiert, bis dann erneut die Vormachtstellung der Liebe beginnt. Nach einer neueren Lesart greifen die Epochen der Vorherrschaft von Liebe und Hass eher ineinander, so dass eine komplexere Dynamik der beiden Grundkräfte anzunehmen ist. So könnte man die Entstehung der Lebewesen (Zoogonie) als Phase verstehen, in der die Liebe dominiert, aber auch der Hass nicht ganz abwesend ist. Klar ist in jedem Fall, dass Empedokles zwischen vier Stadien der Entstehung von Lebendigem differenzieren will: 1. Zunächst kommt es zur Bildung von organischem Material (wie Fleisch und Knochen), dann zur Entstehung von Körperteilen. 2. Diese Körperteile verbinden sich zu monströsen Mischungen wie etwa dem Minotaurus (einem Wesen, das sich aus Menschenleib und Stierkopf zusammensetzt). 3. Die Lebewesen, die danach entstehen, sind einerseits Pflanzen und andererseits die uns bekannten Tierarten sowie die Menschen; allerdings sind diese noch nicht in binäre Geschlechter getrennt und auch noch ohne Stimme. 4. Am Schluss entstehen die beiden Geschlechter, männliche und weibliche Vertreter einer Spezies, die sich nunmehr sexuell reproduzieren und verschiedene familiäre Rollen übernehmen; erst jetzt kommt es auch zum Wechsel von Tag- und Nachtphasen. Empedokles' ‹Evolutionstheorie›, so phantastisch sie uns auch aspektweise erscheinen mag, ist doch häufig mit modernen Ansätzen, besonders mit der Theorie von Charles Darwin, verglichen worden. Tatsächlich scheint sie dem Darwinismus nicht ganz unähnlich zu sein.

In der Schrift *Katharmoi* geht es um das Schicksal der menschlichen Seele, erzählt im Stil einer Autobiographie. Offenbar beschreibt sich Empedokles hier selbst als einen Gott oder *daimôn*, der aufgrund einer Schuld aus der Welt der seligen Geister vertrieben ist. Hinzu kommt die Reinkarnationslehre, nach der die gefallene Seele sich nach ihrem Tod immer wieder in anderen Körpern inkarnieren muss – seien diese menschlicher, tierischer oder pflanzlicher Art. Empedokles leitet aus der Reinkarnationsvorstellung nicht nur die Adäquatheit des Vegetarismus, sondern auch die überraschende Forderung nach einem Verbot des religiösen Tieropfers ab (DK 31B128 und 137). Mit dem Verbot der Tierschlachtung sollen transmigrierte menschliche Seelen geschützt werden. Interessant an Empedokles' Punkt ist auch, dass er meint, die Tötung von Tieren sei in einem natürlichen Sinn unerlaubt, obwohl sie nach geltender Rechtslage antiker Gemeinschaften gestattet ist; das klingt wie eine interessante Antizipation des Naturrechtsgedankens. Die *Katharmoi* zeigen aber vor allem, dass Empedokles dem Pythagoreismus und den orphischen Mysterien nahesteht.

Soweit ein Blick auf die frühesten Repräsentanten der antiken Philosophie. Aber bezeichneten sie das, was sie taten, eigentlich selbst als ‹Philosophie›? Mit Sicherheit nicht. Es ist aber nicht ganz leicht, die Herkunft des Ausdrucks und seine ursprüngliche Bedeutung zu identifizieren. Die beiden Wortbestandteile sind jedenfalls *philein* (= sich aneignen, lieben, streben nach) und *sophia* (= Weisheit, kompetentes Wissen). Herodot, bei dem sich die früheste Belegstelle findet (*Historiae* I. 30), berichtet uns von Solon, er habe sich nach Abschluss seiner Gesetzgebung in Athen auf eine Art zweckfreie Bildungsreise begeben – er sei nämlich «um der *theôria* willen gereist»; dies habe er «als Freund des Wissens» (*philosopheon*) getan (dazu Schadewaldt 1978, 12 f.). Folgt man Schadewaldts Deutung, so bezeichnet der Ausdruck *philosophos* ursprünglich jemanden, der sich gerne Wissen aneignet, und zwar theoretisches, zweckfreies, grundlegendes Wissen. Platon gibt uns im *Symposion* die alternative Worterklärung, nach der ein Philosoph – ebenso wie der Dämon Eros (Liebe) – ein Zwischenwesen zwischen der menschlichen und der göttlichen Welt sei, weil er zwar Weisheit nicht besitze, aber immerhin nach ihr strebe (204a-b). Diese Deutung hat sich im allgemeinen Bewusstsein fälschlich als Standarderklärung festgesetzt.

Schadewaldts Herleitung des Philosophiebegriffs ist prinzipiell gut vereinbar mit einer von Cicero referierten Anekdote, in der Pythagoras als Erfinder des Ausdrucks «die Philosophen» in Erscheinung tritt. Pythagoras gebraucht ihn allerdings nicht für eine beliebige Gruppe von kenntniserwerbenden Personen, sondern reserviert ihn für eine Menschengruppe, die einer bestimmten theoretisch-distanzierten Wissens- und Lebensform anhängt. Die Textstelle lautet (*Gespräche in Tusculum* V. 8 f.):

> Dieser [sc. Pythagoras] soll […] nach Phlius gekommen sein und mit Leon, dem Fürsten der Phliasier, auf gelehrte und wortreiche Weise mancherlei Themen erörtert haben. Da Leon seine Begabung und Beredsamkeit bewunderte, habe er ihn gefragt, welcher Kunst er am meisten Vertrauen schenke; jener aber habe geantwortet: auf eine Kunst verstehe er sich nicht, sondern er sei Philosoph. Leon habe sich über die Neuheit des Ausdrucks gewundert und gefragt, wer denn die Philosophen seien und welcher Unterschied zwischen ihnen und den übrigen Menschen bestehe; Pythagoras aber habe geantwortet, ihm scheine das Leben der Menschen ähnlich zu sein wie das Volksfest, das mit der großartigsten Ausstattung von Spielen unter Beteiligung ganz Griechenlands gefeiert werde; denn wie dort die einen mit trainierten Körpern Ruhm und Ehre des Siegeskranzes er-

> strebten, die anderen sich durch den Erwerb und Gewinn des Kaufens und Verkaufens leiten ließen, es aber auch eine gewisse Gruppe von Menschen gebe, und zwar die edelste, die weder Beifall noch Gewinn suche, sondern komme, um zu schauen, und eifrig betrachte, was geschehe und wie, ebenso seien auch wir wie aus irgendeiner Stadt zu einem vielbesuchten Volksfest so aus einem anderen Leben und einer anderen Natur in dieses Leben gelangt und dienten teils dem Ruhm, teils dem Geld; es gebe aber auch einige wenige, die alles übrige für nichtig hielten und die Natur der Dinge mit Eifer betrachteten; diese bezeichneten sich als ‹um die Weisheit Bemühte› – denn das heißt Philosophen; und wie es dort das Vornehmste sei zu schauen, ohne etwas für sich zu erstreben, so übertreffe im Leben die Betrachtung und Erkenntnis der Dinge alle übrigen Beschäftigungen bei weitem. (Übers. v. E. A. Kirfel)

Die Philosophen führen nach Pythagoras (wie er bei Cicero erscheint) das edelste, privilegierteste Leben, indem sie sich weder auf Ruhm und Ehre noch auf Erwerb und Gewinn ausrichten, sondern einfach nur die ‹Natur der Dinge› betrachten. Der Hintergrund der pythagoreischen Reinkarnationsidee dürfte wohl anklingen in den Worten, wir seien «wie aus irgendeiner Stadt zu einem vielbesuchten Volksfest so aus einem anderen Leben und einer anderen Natur in dieses Leben gelangt». Dass Pythagoras tatsächlich der Urheber unseres Philosophiebegriffs sein könnte, ist auch aufgrund einiger weiterer Indizien keineswegs unplausibel (vgl. Riedweg 2002, Kap. 4).

2. Das fünfte Jahrhundert: Philosophie in der Blütezeit Athens

Das fünfte Jahrhundert v. Chr. ist diejenige Periode der griechischen Geschichte, die einem zuerst in den Sinn kommt, wenn man von den bedeutenden Leistungen der antiken Kultur spricht. Man denkt dann an die großartigen Bauten auf der Akropolis in Athen, an die athenische Demokratie, an die Meisterwerke der Bildhauerkunst (etwa die Plastiken des Phidias), an die griechische Tragödie und an die Erfindung der Geschichtsschreibung bei Herodot und Thukydides. Zweifellos stehen diese Phänomene untereinander in einem engen Zusammenhang: Sie verweisen alle mehr oder weniger direkt auf die Stadt Athen. Dort ergab sich eine besondere Bewusstseinslage, die man als ‹griechische Aufklärung› bezeichnet hat und die mit den Siegen Griechenlands über die östliche Hegemonialmacht Persien am Beginn des Jahrhunderts zusammenhängt: Im Jahr 490 schlug Athen die persischen Truppen bei Marathon, und im Jahr 480 behielt es bei Salamis nochmals gegen die persische Flotte die Oberhand. Mit der Gründung des delisch-attischen Seebunds avancierte Athen zu einer Großmacht. Die wichtigste politische Figur im Athen des 5. Jahrhunderts ist Perikles; nach ihm bezeichnet man die Epoche als ‹Perikleisches Zeitalter›. Es entfaltete sich ein vielfältiges kulturelles und intellektuelles Leben. Athen galt als das «Zentrum (*prytaneion*, wörtlich: das Rathaus) der griechischen Weisheit» (*Protagoras* 337d).

Die Philosophie spielt dabei eine ganz wesentliche Rolle: In Athen erlangte sie zugleich mit der Rhetorik eine zentrale Stellung im allgemeinen Bildungsbetrieb. Dieser nahm einen enormen Aufschwung, weil es in der Demokratie für die mitwirkenden Bürger sehr darauf ankam, ihren Einfluss auf die Politik durch wohlüberlegte und gut formulierte öffentliche Auftritte zu sichern. So boten zahlreiche Lehrer für höhere Bildung, die man ‹Sophisten› nannte, einem breiteren Publikum Unterricht gegen Bezahlung an. Die Sophisten (wörtlich etwa ‹Fachleute›, ‹kompetente Männer›) vermittelten primär praktische Fertigkeiten in Rhetorik und Grammatik, lehrten aber auch Argumentationstheorie, Ethik, Politik und Naturphilosophie. Daneben entwickelten viele von ihnen eigenständige Theorien der Erkenntnis, der Sprache, der Religion und der Metaphysik.

Die philosophisch zentrale Figur des Jahrhunderts ist aber zweifellos Sokrates. Cicero schreibt ihm in seinen *Gesprächen in Tusculum* (V. 10) die Leistung zu, den markanten Übergang von der Naturphilosophie zur Ethik vollzogen zu haben, der für das fünfte Jahrhundert kennzeichnend ist. Es sei Sokrates gewesen, der «die Philosophie als erster vom Himmel herabgerufen und sie in die Städte gebracht» habe; dabei habe er sie «gezwungen, Untersuchungen über das Leben, die Sitten sowie über Güter und Übel» anzustellen. Aber man sollte sich einerseits bewusstmachen, dass viele sophistische und nicht-sophistische Philosophen, die knapp vor Sokrates und gleichzeitig mit ihm lehrten, ebenfalls an normativen Fragen des guten Lebens, der Moral und der Politik interessiert waren. Man kann sich sogar fragen, ob Sokrates nicht selbst den Sophisten zuzurechnen ist. Andererseits muss man sehen, dass auch die ältere Form von Naturphilosophie im fünften Jahrhundert fortgeführt und verfeinert wurde. Diese Fortführung ist wesentlich davon geprägt, dass die Philosophen auf die monistische Herausforderung des Parmenides reagieren: Sie zeigen sich bemüht, eine bleibende, beharrliche Hintergrundstruktur der Welt zu identifizieren und aus ihr den Wandel in der uns bekannten empirischen Welt zu erklären.

Alles das lässt sich gleich beim ersten Philosophen finden, der in den Athener Kontext dieser Zeit gehört: bei Anaxagoras aus Klazomenai (ca. 500–428 v. Chr.). Von ihm sagt man, er habe die Philosophie in Athen eingeführt; jedenfalls war er als erster Philosoph in Athen ansässig. Da er mit dem führenden Politiker Perikles befreundet war, wurde er von dessen Gegnern später attackiert und vor Gericht gezogen. Der Vorwurf an Anaxagoras lautete, er habe sich der Gotteslästerung (*asebeia*) schuldig gemacht, weil er die Ansicht vertrat, die Sonne bestehe aus «glühendem Metall», der Mond sei von «erdhafter Natur» und bei den Sternen handle es sich um «glühende Felsen». In der verbreiteten griechischen Religion galten die Himmelskörper als Gottheiten. Das Gerichtsurteil bestand aus einer Geldstrafe und der Verbannung aus Athen. Anaxagoras ist damit «der erste Intellektuelle, von dem bekannt ist, dass er seiner Gesinnung wegen verfolgt wurde» (Mansfeld 1986, 156).

Auf die Herausforderung des Parmenides reagiert er, indem er – wie wir dies schon bei Pythagoras und Empedokles sahen – eine invariante Ebene hinter der Erfahrungswirklichkeit annimmt; mit ihrer Hilfe versucht er zu erklären, wie sich Veränderungsprozesse in der uns bekannten Welt vollziehen. Anaxagoras übernimmt aus der älteren Philosophie die Lehre vom Unbegrenzten (*apeiron*) und den vier Elementen. Diese sind für ihn aber ebenso wenig ‹rein› (unvermischt) wie die Dinge der Erfahrungswelt; vielmehr zeigen auch sie gemischte Merkmale. Nach Anaxagoras existieren unendlich viele Prinzipien, nämlich die gleichteiligen Stoffe und die Gegensätze. Jeder Teil der Welt enthält jeweils sämtliche Eigenschaften, die wir kennen; es ist gleichteilig (homoiomer), und die gleichteiligen Stoffe sind unendlich teilbar. Allerdings sind die Bestandteile faktisch nicht überall gleichverteilt. Vielmehr kommt es zu einer Ausdifferenzierung, indem bisweilen die eine, bisweilen die andere Eigenschaft überwiegt. Entstehen ist also erneut nichts anderes als eine bestimmte Ausdifferenzierung, die sich an vorhandenem Material vollzieht: «Nichts entsteht aus etwas, das nicht ist» (DK 59B17).

Anaxagoras nimmt an, dass am Anfang «alles auf noch undifferenzierte Weise zusammen» war (*homou panta*). Die Bewegungsursache hinter dem Geschehen auf der Welt ist der Geist (*nous*). Der *nous* bildet die einzige unvermischte Entität in Anaxagoras' Universum. Auf ihn trifft das *homou panta* also nicht zu. Vielmehr ist der Geist ‹unendlich› (*apeiron*) und ‹selbstbestimmt› (*autokrates*: DK 59B11). Indem er den Geist weiterhin als allwissend und in höchsten Maß mächtig beschreibt und ihn als vorhersehende und planende Figur bestimmt, kann Anaxagoras als Begründer der ‹Geistmetaphysik› angesehen werden.

Für eine weitere Reaktion auf Parmenides steht die Schule des Atomismus. Ihr Begründer ist Leukipp, den man nur grob datieren kann (5. Jh. v. Chr.) und von dem wir nicht einmal den genauen Herkunftsort kennen (in Frage kommen Abdera, Milet und Elea). Wir besitzen keinerlei originale Textstücke von ihm. Immerhin ist klar, dass er eine konsequent materialistische oder physikalistische philosophische Richtung ins Leben rief, die allen übernatürlichen und transzendenten Theorieelementen eine Absage erteilte. Sein Atomismus lässt sich aus einigen wenigen Lehrberichten erschließen, etwa bei Diogenes Laertius oder bei Aetius. Für Leukipp besteht die Welt ewig und setzt sich aus genau zwei fundamentalen Größen zusammen: aus unendlich vielen Atomen einerseits und einem unendlich großen, leeren Raum andererseits. Unter ‹Atomen› ist wörtlich ein kleinstes, ‹unteilbares› Teilchen zu verstehen. Atome sind nach Leukipp aber gleichwohl ausgedehnt; sie sind von höchst unterschiedlicher Größe und Beschaffenheit und bewegen sich im Raum in alle möglichen Richtungen. Systematisch gesehen nehmen die Atome und der Raum bei Leukipp also die Stelle des parmenideischen Seins ein, d. h. sie bilden die eigentlich existierende, invariante ontologische Ebene. Anders als im Eleatismus, vergleichbar der Position des Empedokles und des Anaxagoras, soll die invariante Ebene im Atomismus aber auch *erklären*, was in der veränderlichen Welt geschieht: Atome prallen nämlich aufeinander, bilden Bündel und bewegen sich mit der Summe der Teilgeschwindigkeiten in der beim Zusammenstoß der Einzelbewegungen resultierenden Richtung weiter. Entstehen und Vergehen, wie wir sie aus der Erfahrung kennen, sind somit nichts anderes als die Verbindung bzw. Trennung von Atomen. Auf diese Weise wird vermieden, gegen den metaphysischen Grundsatz ‹Aus Nichts kann nichts entstehen›, wie wir ihn eben bei Anaxagoras fanden, zu verstoßen.

In einer vergleichsweise ungünstigen Lage sind wir auch, was unser Wissen über Leukipps Schüler Demokrit anlangt (ca. 460/57–nach 380 v. Chr.). Zwar hat Demokrit außerordentlich viel geschrieben; ein erhaltener Katalog listet etwa 70 Schriften unter seinem Namen auf. Aber die tatsächlich überlieferten Textstücke sind nach Zahl und Umfang bescheiden. Demokrit hat in seinen Werken eine erstaunliche Breite von Themen behandelt: neben Naturphilosophie und Kosmologie auch Psychologie, Wahrnehmungstheorie, Meteorologie, Mathematik, Musik, Poetik und Ethik. Von vielen dieser Themen kennen wir weder Demokrits genaue Position noch deren Verbindung zur Atomtheorie. Jedenfalls existieren auch nach Demokrits Auffassung nur Atome und das Leere, und die uns bekannte Welt entsteht dadurch, dass sich Atome zu größeren Einheiten konfigurieren. Charakteristisch ist, dass Demokrit, anders als Anaxagoras mit seinem *nous*, kein weiteres Prinzip annimmt, das hinter den Konfigurationen wirksam wäre. Die Atombündel und die Wirbel, in welchen sie sich bewegen, entstehen einfach durch ein ‹notwendiges›, aber nicht von einer höheren Macht geplantes Aufeinandertreffen, wobei sie sich miteinander ‹verhaken›. Wie sich daraus die uns bekannte Welt ergeben soll, ist schwer zu sagen. Klar ist wenigstens, dass Atome für Demokrit unterschiedlich groß und von verschiedener Beschaffenheit sein können. Um die Vielfalt der erscheinenden Dinge in unserer Erfahrungswelt zu erklären, scheint Demokrit zu einem Vergleich mit unserer Verwendung von Buchstaben gegriffen zu haben (DK 67A6): So besitzen die Buchstaben A und N etwa eine deutlich unterschiedliche Form; die Buchstabenkombinationen AN und NA unterscheiden sich zudem voneinander durch ihre Anordnung oder Reihenfolge; und schließlich differieren die Buchstaben Z und N voneinander durch die Position (denn man kann das Z als ein seitlich gedrehtes N ansehen). Dass sich Buchstaben und ihre Verknüpfung zu Worten zur Illustration der Varianten möglicher Atomkonfigurationen geradezu anbieten, hat damit zu tun, dass ‹Buchstabe› im Griechischen *stoicheion* (= Element) heißt, was den Vergleich unmittelbar aufdrängt. Für Demokrit sind alle Eigenschaften außer Gestalt und Größe (also z. B. Wärme und Kälte) nicht real, sondern subjektrelativ.

In seiner Theorie des Lebendigen scheint Demokrit von der Annahme ausgegangen zu sein, dass die Seele von Lebewesen aus feurigen Atomen besteht. Fortpflanzung lässt sich atomistisch so verstehen, dass alle Teile des Körpers zum Samen beitragen, weswegen das entstehende Lebewesen wiederum alle Merkmale besitzt. Schwieriger anzugeben ist, wie Demokrits Ethik mit der Atomtheorie verbunden ist. Er vertritt jedenfalls eine Ethik, die in ihrer Betonung der rechten inneren Haltung und des strikten Verbots von Unrechttun erstaunlich eng mit Sokrates' Position verwandt ist.

Damit aber zur Sophistik. Wie bereits eingangs festgestellt, kommt mit ihr ein Typ von Philosophie auf, der sich – von praktischen Handreichungen für den politischen Alltag einmal abgesehen – mit dem menschlichen Leben befasst, besonders mit Fragen des guten und gelingenden Lebens und mit Fragen der Geltung sozialer Normen. Die Sophisten sind professionelle Wanderlehrer, bezahlte Dozenten mit schwankendem Lehrerfolg. Dass wir das Wort ‹Sophisten› bildungssprachlich eher mit Trickbetrügern assoziieren, die absurde Fehlschlüsse und dreiste Wortverdreherei betreiben, hängt mit Platons heftiger Polemik gegen die Sophistik zusammen, die sachlich ungerechtfertigt ist. Die Sophisten sind Akteure auf einem Bildungsmarkt, wie er im Athen des fünften Jahrhunderts aufkam, und damit grundsätzlich Repräsentanten einer Aufklärungsbewegung. Im Einzelfall mögen auch Formen der ‹Eristik› praktiziert worden sein, wie sie in Platons *Euthydemos* und Aristoteles' *Sophistischen Widerlegungen* kritisiert werden. Aber die von Sophisten vertretenen Positionen sind denkbar unterschiedlich; wir haben keinen Grund, die sophistische Bewegung unter den Generalverdacht eines unseriösen Vorgehens zu stellen.

Die wichtigsten Sophisten sind Protagoras, Gorgias, Lykophron, Thrasymachos, Prodikos, Hippias, Antiphon, Kritias und Kallikles. Es ist in der Forschung nicht wirklich gelungen, die Sophisten in Schulen einzuteilen oder ihre Lehrer-Schüler-Verhältnisse zu identifizieren. Auch wenn es sich nicht um eine einheitliche Bewegung handelte, so sind doch mehrere Themen für die Sophistik insgesamt von Bedeutung: Dazu gehören neben Bildung, Rhetorik, Argumentationstechnik und Erkenntnistheorie besonders die Frage, welche gesellschaftlichen Normen «von Natur aus» (*physei*) gelten und welche aufgrund von

Tradition oder Konvention (*nomô* oder *thesei*). Charakteristisch für die Sophistik ist auch der skeptisch-relativistische Grundton einer anonym und unvollständig überlieferten Schrift mit dem Titel *Dissoi logoi* (*Zweierlei Reden*): In weiten Teilen des Traktats wird ein Schema angewandt, bei dem These und Antithese einander gegenübergestellt werden, ohne dass eine Entscheidung möglich scheint. Dabei gibt es stets einen Logos I, in dem die Unvereinbarkeit des Gegensätzlichen behauptet wird, und einen Logos II, der die Einheit des Gegensätzlichen verteidigt. Nur wenn Logos I zutrifft, kann man Distinktes identifizieren, und nur dann ist Wahrheit möglich.

Über das Leben des Sophisten Protagoras von Abdera wissen wir nur, dass er um 450 v. Chr. etwa vierzig Jahre alt gewesen sein soll. Seine Heimatstadt gehörte zum Machtbereich Athens; möglicherweise besteht eine enge persönliche Verbindung zu Demokrit. Wir besitzen einen Katalog seiner zahlreichen Werke (DL IX.55), ohne dass die Schriften selbst überliefert sind. Der wichtigste Text ist die Schrift *Alêtheia* (*Wahrheit*), für die auch der Titel *Kataballontes* (*Niederwerfende Reden*) berichtet wird. Protagoras ist eine der Gründerfiguren der Sophistik. Er gab offenbar einerseits Unterricht in Argumentationstechnik, andererseits in Fragen der gelingenden Lebensführung. Protagoras war in Wahrheitsfragen Relativist. So soll er gesagt haben, er könne «das schwächere Argument zum stärkeren machen» (*ton hêttô logon kreittô poiein*), was vielleicht meint, dass man eine zunächst unterlegene Position durch Änderung des argumentativen Bezugssystems überlegen machen könne. Zudem vertrat Protagoras einen ontologischen Relativismus. Berühmt ist sein *homo mensura*-Satz: «Der Mensch ist das Maß aller Dinge, der Seienden, dass (oder wie) sie sind, der Nicht-Seienden, dass (oder wie) sie nicht sind» (Sext. Emp. Adv. Math. VII.60). Entweder ist Protagoras hier so etwas wie ein radikaler Konstruktivist, oder er schreibt dem Menschen zumindest die Konstruktion von Eigenschaften der Dinge zu. In Fragen der Religionsphilosophie war Protagoras Agnostiker: «Von Göttern kann ich nichts wissen, weder ob es sie gibt, noch ob es sie nicht gibt, noch auch, wie beschaffen ihre Gestalt ist;

denn Vieles hindert ein solches Wissen, sowohl die Dunkelheit (der Sache) als auch die Kürze des menschlichen Lebens» (DL IX.51). Falls man Protagoras den von Platon erzählten ‹Mythos der Kulturentstehung› zuschreiben kann, vertritt er eine Anthropologie, nach der Menschen Mängelwesen sind, die ihre Minderausstattung durch die Entwicklung von Vernunft und Sprache kompensieren (*Protagoras* 320c-328d). Die Menschen haben äußerst verschiedene Talente; nur die ‹Fähigkeit zum politischen Urteil› (*politikê technê*) soll jedermann gleichermaßen zukommen – eine Feststellung, die Protagoras zu einem der ersten Theoretiker der Demokratie machen würde.

Gorgias von Leontinoi lässt sich ebenfalls nur ungefähr datieren; folgt man den antiken Quellen, die von seiner mehr als 100jährigen Lebenszeit berichten, so könnte er vielleicht von 485–385 v. Chr. gelebt haben. Gorgias war ein hochangesehener und finanziell äußerst erfolgreicher Sophist; zu seinen Schülern zählten sogar Perikles und Alkibiades. Zentral ist sein Traktat *Über das Nichtseiende*, in dem Gorgias eine grundlegend skeptische Position entwickelt. In deren Zentrum standen wohl drei Thesen, nämlich 1. Nichts existiert; 2. Selbst wenn etwas existierte, könnte man es nicht erkennen. 3. Selbst wenn man es erkennen könnte, könnte man es nicht mitteilen. Eine mögliche Funktion dieser äußerst radikalen Skepsis könnte darin bestanden haben, an die Stelle harter philosophischer Argumente (die uns ja ohnehin nichts über die wahre Wirklichkeit sagen können) eine eristische und rhetorische Scheinkunst der Erzeugung von Plausibilitäten zu setzen. Dass ihm eine Überredungskunst als bestmögliche Form von Theorie vorschwebte, scheint auch deshalb plausibel, weil Gorgias eine Sprachphilosophie vertrat, nach der Sprache die Wirklichkeit gar nicht abbilden *kann*. Im platonischen *Gorgias* tritt Kallikles als Schüler des Gorgias mit einem Plädoyer für das Recht des Stärkeren auf, für Lustorientierung und für eine ungehinderte Orientierung am Mehr-haben-wollen (*pleonexia*).

Erwähnenswert ist sodann der Sophist Lykophron, der bei Aristoteles als erster Kontraktualist in der Geschichte der politischen Philosophie erscheint (*Politik* III.9): Die Polis wird von

Lykophron als ein Vertrag zum wechselseitigen Beistand interpretiert und das Gesetz als Absprache zum allgemeinen Vorteil (1280b8–12). Auf Prodikos geht besonders die sprachwissenschaftliche Methode der ‹Synonymik› zurück. Prodikos war damit wohl der Erste, der sorgfältige Begriffsabgrenzungen vornahm, indem er feine Nuancen zwischen nahezu bedeutungsgleichen Ausdrücken unterschied. Einen anderen Typ von Sophist repräsentiert Hippias, der ein Universalgelehrter gewesen zu sein scheint; allerdings brachte er es möglicherweise nur zu einem sehr oberflächlichen Allgemeinwissen, wie uns Platons Einschätzung nahelegt.

Der Sophist Antiphon (der vom Redner desselben Namens zu unterscheiden ist) gehört wie die in Platons Dialogen auftretenden Figuren Kallikles und Thrasymachos zu denen, die gesellschaftliche Normen (rechtlicher und moralischer Art) dahingehend befragen, was an ihnen auf Natur (*physis*) zurückgeht und was auf bloße Tradition oder Konvention (*nomos*). Antiphon vertritt die Ansicht, es gebe Naturgesetze, deren Befolgung für den Menschen zuträglich (*sympheron*) sei. Es ist nicht klar, wie kritisch und revisionär er dies mit Blick auf die Gesetze der Polis meint. Aber ein eindeutig identifizierbarer Punkt ist sein Universalismus. Für Antiphon lässt sich eine eindrucksvolle Belegstelle anführen, die zeigt, dass es im Altertum den Gedanken einer natürlichen Gleichheit aller Menschen und ihrer ursprünglichen Verwandtschaft und Zusammengehörigkeit gibt. Antiphon postuliert dort die natürliche Gleichheit aller Menschen, nämlich von ‹Barbaren und Hellenen› mit den Worten: «Es lässt sich beobachten, dass die Dinge, die zum von Natur aus Seienden gehören, bei allen Menschen notwendig und bei allen vermöge derselben Fähigkeiten verfügbar sind; und in eben diesen Dingen ist niemand, ob Barbar oder Hellene, von uns verschieden» (DK 17B44).

Die wichtigste philosophische Figur des fünften Jahrhunderts ist aber zweifellos Sokrates (469–399 v. Chr.). Mit den Sophisten hat er gemeinsam, dass er öffentlich auftrat und dabei Fragen des guten Lebens und der Gerechtigkeit diskutierte. Sein Ziel war es, die (meist jungen) Leute, mit denen er gesprächsweise zusammentraf, «besser zu machen», indem er ihre bisherigen Überzeugungen herausforderte und als ungenügend erwies. Sokrates erlangte auf diese Weise den Status einer stadtbekannten Persönlichkeit, und so ist es nicht erstaunlich, dass Aristophanes ihn in seiner Komödie *Die Wolken* (423 v. Chr.) als Sophisten verspottete, der seine Schüler in der Kunst der Wortverdreherei unterrichtet. Sokrates wird dort als pseudo-aufklärerischer Schwindler geschildert, der in einer Hängematte liegend die Sonne beobachtet und dessen Hauptanliegen darin besteht, traditionelle Werte und Selbstverständlichkeiten zu unterminieren. Jedoch unterschied sich Sokrates darin von den Sophisten, dass er kein Honorar annahm; sein Auftreten als Philosoph ist zudem durch sein Bewusstsein charakterisiert, in einer göttlichen Mission unterwegs zu sein und der Polis damit hervorragend zu nutzen (*Apologie* 30a). Da Sokrates nichts Schriftliches hinterließ, sind wir für weitere Aufschlüsse über seine Person und seine philosophische Position auf Berichte angewiesen. Unsere drei Hauptquellen – Platon, Xenophon und Aristoteles – vermitteln uns den Eindruck, dass Sokrates sowohl durch die Kraft seiner Persönlichkeit wirkte als auch durch sein insistentes Befragen seiner Gesprächspartner. Man sagte von ihm, er sei «ein äußerst ungewöhnlicher Mensch» (*atopôtatos*) und er stürze die Menschen in tiefe gedankliche Schwierigkeiten (*Theaitetos* 149a).

Über Sokrates' Biographie sind nur wenige Fakten bekannt. Als Sohn eines Bildhauers und einer Hebamme in Athen geboren, scheint er die väterliche Werkstatt weitergeführt, aber wegen seiner philosophischen Neigungen sehr vernachlässigt zu haben. Er hat nie ein politisches Amt bekleidet, wohl aber seine Bürgerpflichten vorbildlich erfüllt, einschließlich des Militärdienstes im Peloponnesischen Krieg. In der Zeit der Diktatur der Dreißig Tyrannen widersetzte sich Sokrates deren Gewaltherrschaft. Schließlich wissen wir, dass Sokrates Opfer eines gegen ihn geführten Prozesses wurde; man warf ihm vor, die Jugend zu verderben und neue Götter einzuführen. Am Ende wurde Sokrates zum Tod durch Gift verurteilt; es handelt sich um einen klaren Justizmord an einem unbequemen Intellektuellen.

Sokrates scheint als junger Mann die traditionelle Naturphilosophie intensiv rezipiert zu haben, dann aber von ihr enttäuscht gewesen zu sein. Platon lässt Sokrates (als Dialogfigur im *Phaidon*) berichten, wie er sich als junger Mann von der Naturforschung angezogen gefühlt habe, weil sie scheinbar «ein Wissen von Ursachen eines jeden» zu vermitteln vermochte (96a). Insbesondere habe seine Aufmerksamkeit dem Buch des Anaxagoras gegolten. In Aristoteles' knappem Bericht aus *Metaphysik* A6 heißt es dagegen, Sokrates habe sich nur mit ethischen Fragen beschäftigt, «jedoch überhaupt nicht mit der Natur», und es sei ihm in ethischen Fragen um das Begrifflich-Allgemeine gegangen, für das er Definitionen gesucht habe. Beide Berichte können durchaus zugleich zutreffen: Es ist plausibel anzunehmen, dass sich Sokrates aus Enttäuschung über die Schrift des Anaxagoras insgesamt von der Naturphilosophie ab- und daraufhin ganz der Moralphilosophie zuwandte.

Möglicherweise vertrat Sokrates überhaupt keine eigenen philosophischen Positionen, sondern warf lediglich Fragen auf und attackierte die Schwächen von fremden Doktrinen. Für dieses skeptische Bild von Sokrates spricht sein vielzitiertes (wenn auch ungenau wiedergegebenes) Diktum «Ich weiß, dass ich nichts weiß»; genau genommen finden sich lediglich ähnlichklingende Aussagen (*Apologie* 21a–22d; *Theaitetos* 150c). Zudem soll er von sich gesagt haben, er selbst sei nicht produktiv, sondern verstehe sich lediglich auf eine ‹Hebammenkunst›, die die Gedankengeburten anderer Personen zu entbinden und zu prüfen vermag (*Theaitetos* 149b–150d). Beachtenswert ist auch, dass sich die spätere akademische Skepsis auf die oft aporetische Gesprächsführung des Sokrates berief. Sokrates als Philosophen ohne eigene Theorien anzusehen passt auch gut zur Beschreibung seiner delphisch-apollinischen Mission, die einen offenkundig pädagogischen Charakter aufweist. Die göttliche Mission des Sokrates erscheint denn auch im *Theaitetos* im Kontext der Hebammenpassage, wo er ausdrücklich von sich sagt: «Urheber der Entbindung sind der Gott und ich» (150d) und feststellt, er besitze eine göttliche Stimme (*daimonion*), die ihm manchmal etwas verbiete, manchmal auch zurate (151a).

Was dennoch als positive Lehre des Sokrates in Frage kommt, ist vor allem sein ‹moralischer Intellektualismus›, der sich in drei provokativen Thesen niederschlägt: (1) Tugend ist Wissen. (2) Niemand handelt freiwillig schlecht. (3) Alle Tugenden bilden eine Einheit. Dem Intellektualismus zufolge ergibt sich das angemessene oder richtige Handeln einer Person allein aus ihrer praktischen Rationalität. Das bedeutet: Jemandes vernünftige Einsicht garantiert sein individuelles Gutsein und gutes Handeln, und dies sowohl im Sinn einer notwendigen als auch im Sinn einer hinreichenden Bedingung. Die Pointe dieser Position besteht mithin darin, dass es in jedermanns Hand liegt, ob er oder sie sich durch eine konsequente Vernunftorientierung von verfehltem Handeln frei macht oder nicht. Denn jedem soll seine Vernunft unmittelbar zugänglich sein; wer sie aber vollständig aktiviert, vermag damit sowohl prudentielles Fehlhandeln zu vermeiden, nämlich die sogenannte Willensschwäche (*akrateia*, *akrasia*), als auch moralisches Fehlhandeln auszuschließen, d.h. Unrechttun (*adikia*). Tugendhaft sein – d.h. über wünschenswerte persönliche Eigenschaften im Sozialverhalten und im Selbstverhältnis zu verfügen – beruht aus sokratischer Sicht allein auf richtiger Einsicht. Wer über die richtige Einsicht verfügt, besitzt zugleich auch die Motivation, einsichtsgemäß zu leben, und hat auch nicht mit inneren Widerständen zu rechnen, die dies verhindern könnten.

Als typisch sokratisch erscheint ferner die Vorstellung, Philosophie bestehe in einer rationalen Prüfung der eigenen und fremden Lebensführung (*Apol.* 28e); ein «ungeprüftes Leben» sei «für einen Menschen nicht lebenswert» (*Apol.* 38a). Philosophie stellt damit eine «Fürsorge für die Seele» dar (*epimeleia tês psychês*: 29e; 30b; ähnlich *psychês therapeia*: *Laches* 185e), also den Versuch, eine harmonische Persönlichkeit auszubilden. Ein Beispiel für die gemeinte Prüfmethode findet sich in Platons Dialog *Laches*. Dort heißt es, Sokrates führe jeden, mit dem er spreche, «unaufhörlich im Gespräch herum, bis der Betreffende nicht mehr anders könne, als Rechenschaft darüber abzulegen, wie er jetzt lebt und wie er sein bisheriges Leben verbracht hat» (187e).

Mit der Figur des historischen Sokrates scheint bei Platon ferner das Ideal der richtigen Selbsterkenntnis, der angemessenen Selbsteinschätzung in Verbindung zu stehen. Die Inschrift «Erkenne dich selbst» (*gnôthi seauton*) am Apollon-Tempel von Delphi erscheint im Werk Platons in einer philosophischen Deutung. In Platons *Phaidros* heißt es, es sei unsinnig, sich mit irgendetwas anderem zu beschäftigen, solange man die delphische Aufforderung zur Selbsterkenntnis nicht befolgt habe; man müsse zuerst wissen, ob man seiner Natur nach ein wildes Tier oder ein edles, göttliches Lebewesen sei (229e f.). Nahe am delphischen Motiv wird auch das Thema eines selbstbezüglichen Wissens im *Charmides* behandelt, wo das Wissen seiner selbst (*heautou epistêmê*: 165d) mit der Besonnenheit, also dem maßvollen Verhalten, in Verbindung gebracht wird (166c; 169b). Eine explizite Behandlung des Selbsterkenntnismotivs im Sinn einer philosophischen Lebenskunst findet sich besonders im Augengleichnis des *Alkibiades I*: Dort wird die Selbsterkenntnis mit der platonischen «Sorge um sich» oder «Fürsorge für die eigene Seele» identifiziert (129a).

3. Klassische Philosophie: Platon und Aristoteles

Bezeichnet man ein kulturelles Phänomen als ‹klassisch›, so will man damit ausdrücken, dass ihm aufgrund seiner Vorzüglichkeit eine zeitübergreifende Bedeutung zukommt. Für die philosophischen Schriften von Platon und Aristoteles gilt diese Bezeichnung zweifellos: Durch ihr erstaunlich hohes theoretisches Niveau entfalteten diese Werke eine nachhaltige Wirkung auf fast die gesamte Geschichte der westlichen Philosophie; dieser Einfluss umfasste so gut wie alle philosophischen Teilgebiete. Die Wirkung auf das philosophische Denken hält bis zur Gegenwart an; es gibt noch immer Ansätze, die sich durch die Bezeichnungen ‹platonisch› (oder ‹platonistisch›) und ‹aristotelisch› kennzeichnen lassen. Zumindest kann man aber Platon und Aristoteles bis heute als Autoren heranziehen, die so maßgebliche Positionen vertreten haben, dass sich eine Auseinandersetzung mit ihnen lohnt, auch wenn man sich letztlich mehr oder minder klar von ihnen absetzen mag.

Platon (428/7–348/7 v. Chr.) stand zu mehreren der älteren Philosophien in einer engen Verbindung: besonders zu den Pythagoreern, den Eleaten und zu Heraklit (über seinen Lehrer Kratylos). Am bedeutendsten ist aber sicher der Einfluss des Sokrates, zu dessen Umkreis er gehörte und den er als Zentralfigur der Mehrzahl seiner Dialoge auftreten lässt. Platons Dialoge haben durch ihre sprachliche Attraktivität, ihre stilistische Eleganz und durch die Unmittelbarkeit ihrer Dramaturgie die Rezipienten vieler Jahrhunderte in ihren Bann gezogen. Der größte Zauber Platons ergab und ergibt sich aber aus der Brillanz und Hintergründigkeit seiner Argumente, aus der Direktheit und Voraussetzungslosigkeit seiner Gedankenführung und aus der Bereitschaft, alles Erreichte stets neu zu problematisieren.

Platon stammt aus einer privilegierten und wohlhabenden

Athener Familie; wie mehrere seiner Verwandten muss er eine politische Laufbahn angestrebt haben. Tatsächlich nahm er jedoch nie ein politisches Amt wahr, so prominent das Thema Politik auch in seinen Schriften figuriert. Wie weit seine Ambitionen reichten, lässt sich schwer angeben; zumindest als politischer Vordenker sah sich Platon mit Sicherheit bis zu seinem Lebensende. Der junge Platon schloss sich wohl um 407 dem philosophischen Kreis um Sokrates an. Als der verehrte Lehrer im Jahr 399 dem Prozess ausgesetzt war, der zu seiner Hinrichtung führte, empfand Platon dies als extreme Ungerechtigkeit, die sich ausgerechnet gegen den Gerechtesten unter den Zeitgenossen gerichtet habe. Wenige Jahre danach muss Platons schriftstellerische Tätigkeit begonnen haben, die äußerst produktiv war und bis zu seinem Tod andauerte. Um 389–7 unternahm Platon eine erste Reise nach Süditalien und Sizilien; in Tarent besuchte er den Pythagoreer Archytas, und in Syrakus traf er auf den dortigen Herrscher Dionysios I. Die Tatsache, dass Platon nach seiner Rückkehr seine eigene philosophische Schule gründete, die Akademie in Athen, könnte als pythagoreischer Einfluss gedeutet werden. Allerdings handelte es sich bei der Akademie nicht um einen politisch-philosophischen Geheimbund, der eine einzige Lehre vertreten hätte, sondern eher um eine offene Gemeinschaft von Gelehrten, welche in unterschiedlichen Forschungsgebieten arbeiteten und divergierende Auffassungen vertraten. Seit dem Jahr 367 gehörte der sehr junge Aristoteles Platons Schule an. Um 367–365 unternahm Platon eine zweite sizilische Reise, jetzt zu Dionysios II. von Syrakus. Platon scheint auf einen politischen Einfluss auf den Sohn des Herrschers Dionysios I. gehofft zu haben. Um 361/0 trat Platon eine dritte sizilische Reise an. Die beiden späteren Reisen verliefen politisch ebenso erfolglos wie die erste. Etwas mehr als ein Jahrzehnt nach seiner Rückkehr starb Platon in Athen.

Unter Platons Namen sind uns 43 Schriften überliefert. Bereits in der Antike, in der Edition des Thrasyllos, galten davon nur neun Tetralogien als echt (= 36 Schriften); heute werden ca. 30 Texte als authentisch akzeptiert. Die wichtigsten Schriften heißen (in der relativen Chronologie nach Campbell 1867 und Dittenberger 1881): *Apologie*, *Kriton* (Prozessschriften); *Ion*, *Protagoras*, *Hippias Minor*, *Hippias Maior*, *Euthydemos*, *Gorgias* (Sophistendialoge); *Laches*, *Charmides*, *Euthyphron*, *Lysis* (moralphilosophische Definitionsdialoge); *Kratylos*, *Menexenos*, *Menon* (Übergangsdialoge); *Phaidon*, *Symposion*, *Politeia*, *Phaidros*, *Parmenides* (Ideendialoge); *Theaitetos*, *Sophistes*, *Politikos*, *Philebos*, *Timaios*, *Kritias* und *Nomoi* (Spätdialoge).

Von der *Apologie* abgesehen hat Platon ausschließlich Dialoge verfasst; doch war er weder der Erfinder des Genres noch der einzige Sokrates-Schüler, der den Dialog favorisierte; vielmehr handelt es sich um eine für Sokratiker typische literarische Form. Diese Präsentationsform bereitet modernen Interpreten gravierende Schwierigkeiten: Platons Dialoge sind in ihrer Lehre uneindeutig. Zum einen ist aus einem einzelnen Dialog Platons Auffassung oft schwer (falls überhaupt) herauszulesen; denn neben metaphysisch-dogmatischen Passagen gibt es auch aporetische, deliberative, narrative, problemexponierende und propädeutische Textteile. Zum anderen stimmen die Dialoge untereinander nur bedingt überein; neben Wiederaufnahmen finden wir auch offenkundige Selbstkritik, Revisionen oder Neufassungen eines Problems.

Weitere Interpretationsprobleme, die von der Dialogform herrühren, sind besonders folgende: (a) Ist der jeweilige Gesprächsführer das Sprachrohr Platons? Was ist, wenn er erkennbar falsch argumentiert? Was ist, wenn er Wissen zurückbehält, und was, wenn er früher bereits Erreichtes nicht wiederaufgreift? Haben die anderen Gesprächsteilnehmer nichts Sinnvolles beizutragen? Oder vertritt Platon die These von der Aspekthaftigkeit der Wahrheit (dann würde er ‹Wahrheit› als Synthese aller vorgetragenen Teilpositionen auffassen)? (b) Wie erklärt sich die Tatsache, dass Platon so viele literarische Kunstgriffe und Stilmittel einsetzt, darunter Auftritte stadtbekannter oder philosophischer Persönlichkeiten, die Erzählung einer Rahmenhandlung, ironische Verzeichnungen, ‹Aussparungsstellen› (Passagen, in denen auf vorhandenes, aber nicht entwickeltes Hintergrundwissen verwiesen wird), Mythen, bildhafte Vergleiche

u. a. m.? Grundsätzlich scheinen die folgenden Deutungen der Dialogform möglich zu sein:

(1) Platon bleibt (im Einzeldialog wie im Gesamtwerk) in seinen Positionen uneindeutig, da er in Wahrheit Skeptiker oder Aporetiker ist.
(2) Die Uneindeutigkeit der platonischen Schriften ist im Sinn einer biographischen Entwicklung zu erklären.
(3) Platon ist Infinitist oder Perspektivist; er experimentiert mit ganz unterschiedlichen Sichtweisen und beginnt stets von neuem.
(4) Platon zeigt sich in seinen Schriften als überlegener Pädagoge, der über ein ‹System› im Hintergrund verfügt, aber seine Leser schrittweise und eigenständig auf dieses hinführen will.
(5) Platon ist metaphysischer Dogmatiker, der über ein ‹System› im Hintergrund verfügt, aber seine zentralen Überzeugungen nicht seinen Schriften anvertrauen will.

Cicero ist ein guter Zeuge dafür, dass man Platon über Jahrhunderte hinweg als Skeptiker ansah, weil «er in seinen Schriften nichts Apodiktisches behauptet, vieles nach zwei Seiten hin erörtert, alles in Frage stellt und nichts Sicheres sagt» (*Academica* I.45). Dass dies jedoch unplausibel ist, ergibt sich aus Platons stark affirmativ-lehrhaften Schriften, etwa aus *Menon*, *Phaidon*, *Politeia* und *Timaios*; die Interpretation (1) wird daher heute kaum noch vertreten. Die dominierende Position in der gegenwärtigen Platon-Forschung ist die von K. F. Hermann im 19. Jahrhundert inaugurierte Lesart (2), wonach die Unterschiede zwischen den Dialogen als biographische Entwicklungsschritte zu verstehen sind. Man kann (2) als *developmentalistische* Interpretation bezeichnen. Misslich an dieser sonst einleuchtenden Deutung ist, dass sie allenfalls die sachlichen Unterschiede, nicht aber die Uneindeutigkeiten und literarischen Stilmittel der platonischen Dialoge erklären kann. Nicht wenige moderne Interpreten vertreten daher die Lesart (3), nach der Platons Unbestimmtheit aus einer These von der prinzipiellen

Unabschließbarkeit und unendlichen Offenheit allen Philosophierens resultiert. Eine solche *infinitistische* Interpretation, wie F. Schlegel sie erstmals konzipierte, scheitert jedoch daran, dass sie im philosophischen Bewusstsein der Antike ansonsten nicht vorkommt und somit allzu anachronistisch wirkt. Die Deutungen (4) und (5) verstehen Platon als konsistenten Autor, der im Prinzip eine einzige Position (oder doch nur leicht modifizierte Positionen) einnimmt. Dabei bezeichnet (4) die von F. Schleiermacher favorisierte Auffassung, Platons Werke seien insgesamt als Übung für kluge Leser konzipiert, die – durch ein Hin- und Hergehen zwischen den Texten – das Ganze der platonischen Position selbst herauszufinden vermögen. Ungleich glaubwürdiger als (4) ist schließlich die Lesart (5), wonach Platon als metaphysischer Dogmatiker einzuschätzen ist, der in seinen Schriften nicht alle seine Überzeugungen entwickeln will – vielleicht um sie dem adressatenbezogenen Einzelgespräch vorzubehalten oder weil er den Kern seiner Lehre für schwer darstellbar hält. Dies ist die *metaphysische* Lesart der Dialoge.

Platons für uns einigermaßen greifbare philosophische Positionen sollen hier anhand von fünf zentralen Themen vorgeführt werden: der Ideentheorie, der Epistemologie, der Psychologie, der Moralphilosophie und der politischen Philosophie.

Ideentheorie: Platon führt die Ideentheorie im Dialog *Phaidon* ein. Dort behauptet er, es gebe ein ‹Schönes selbst› (*auto to kalon*: 100c), und alles, was außer diesem sonst noch als schön anzusehen ist, sei es, «weil es an jenem Schönen partizipiert» (*metechei*). Das Schöne selbst bildet also die wahre Ursache alles Schönen, während andere Gründe, auch wenn sie ‹irgendwie gelehrt› klingen mögen – darunter der Verweis auf die blühende Farbe eines Objekts oder seine Gestalt –, als unsinnig zurückgewiesen werden. Die ideentheoretische Ursachenerklärung wird hingegen als «einfach, simpel und vielleicht schlicht» charakterisiert. Sie bestehe kurz und gut darin, Schönheit auf eine Präsenz (*parousia*) oder Gemeinschaft (*koinônia*: 100d) jenes Schönen zurückzuführen. Ideen, so erfahren wir an den weiteren relevanten Stellen, sind selbständig existierende intelligible

Entitäten. Sie repräsentieren jeweils einen bestimmten Sachgehalt – so etwa die ‹Idee des Guten›, das Gutsein –, und zwar so, dass diese ausschließlich gut ist, ohne einen Anteil an Nichtgutem aufzuweisen. Ideen sind nach Platon ungewordene und unvergängliche Einheiten, die erklären sollen, worin ein bestimmtes Merkmal *eigentlich* besteht (etwa das Gutsein), welches sich auf viele einzelne Gegenstände und Situationen verteilt; denn irgendetwas Gemeinsames oder Verbindendes meinen wir ja, wenn wir alle Einzelfälle als Instantiierungen von Gutsein ansprechen. Die Idee des Guten, also das Gute-selbst oder das Gute-an-sich, ist somit dasjenige, was uns eine vollständige Antwort auf die Frage ‹Was ist gut?› oder ‹Was ist das Gute an jedem einzelnen Guten› liefern würde.

An mehreren Stellen in den Dialogen – so im *Phaidon*, in der *Politeia* und im *Timaios* – bekennt sich Platon zweifelsfrei zu einer Zwei-Welten-Metaphysik, die auf der Ideentheorie beruht. Demnach existiert eine selbständige intelligible Welt, der Bereich der Ideen, und zwar neben (oder besser: über) unserer sinnlich erfahrbaren Welt. Umso mehr erstaunt es, dass wir im Dialog *Parmenides* ideenkritische Argumente finden, deren wichtigstes das ‹Argument vom dritten Menschen› ist: Dieses ergibt sich aus Platons Überzeugung, dass jede Idee der *F*-heit selbst durch die Eigenschaft *F* charakterisiert ist; die Idee der *F*-heit ist ja eben idealerweise und in Reinform *F*. Wenn nun weiterhin gilt, dass alle einzelnen Vorkommnisse von *F* nach einer Idee der *F*-heit verlangen, die das Auftreten von *F* erklärt, dann verlangt das Auftreten von *F* an der Idee der *F*-heit nach der Annahme einer übergeordneten Idee' der *F*-heit usw. ad infinitum. Ist also die ‹Idee des Menschen› ein zweites Moment neben dem konkreten Menschen, so bedarf es noch eines ‹dritten Menschen› usf. Zumindest auf den ersten Blick wirkt dieser Einwand desaströs für die Ideentheorie. In welcher Weise Platon ihn dagegen für ausräumbar hielt, ist schwer zu sagen; es scheint aber plausibel anzunehmen, dass er die Ideentheorie keineswegs für widerlegt gehalten hat.

Epistemologie: Die von Platon seit den Frühdialogen gebrauchte Methode der Wissensprüfung und Wissensgewinnung ist der *elenchos*. Dabei stellt eine Dialogfigur, in der Regel Sokrates, eine *Was-ist-X?*-Frage und der Dialogpartner, in der Regel der Experte einer bestimmten *technê*, unternimmt einen Definitionsversuch. Der Fragende wiederum versucht die erteilte Antwort (meist in indirekter Form, aufgrund ihrer Implikationen) zu widerlegen und den Gesprächspartner zu einer neuen Antwort zu nötigen, die dann wiederum kritisch geprüft wird usw. Die implizite Unterstellung dieses Verfahrens ist: Wer etwas weiß, muss von seinem Wissen Rechenschaft ablegen können (*logon didonai*). Bereits die frühen Sophisten- und Definitionsdialoge haben den Charakter einer solchen Wissensprüfung; diese gilt geradezu als konstitutiv für eine philosophisch reflektierte Lebensführung. In den späteren Schriften bezeichnet Platon diejenige Erkenntnismethode, die ihm am attraktivsten zu sein scheint, als ‹Dialektik›. Erstmals in der *Politeia* taucht die Wortprägung *dialektikê* auf; wir erfahren dort, dass Platon die *dialektikê* als abschließende und höchste Wissensform betrachtet, dass er also durch sie – und nur durch sie – Ideenerkenntnis für erreichbar hält. Die Dialektik verschafft danach ein kohärentes, invariantes und infallibles Wissen, das den, der es besitzt (den ‹Philosophenherrscher›), wegen seiner Anwendbarkeit auf die politische Praxis zur Einrichtung eines optimalen Staatswesens befähigt. Bei der Dialektik handelt es sich ebenfalls um ein Verfahren, bei dem der Dialektiker Argumente (*logoi*) auf ihre Haltbarkeit hin prüft (*Politeia* VII.538c, IX.582d sowie *Politikos* 285d-286a). Bereits im *Phaidon* heißt es, als Hypothese zugrundezulegen sei stets der ‹stärkste› *logos*; man müsse dann zusehen, was mit diesem übereinstimme und was nicht (*Phaidon* 100a). Der *Politeia* zufolge vermag der Dialektiker seinerseits einen *logos* zu entwickeln, der sich elenktisch nicht zu Fall bringen lässt (*aptôs logos*: *Politeia* VII.534c). Der Dialektiker ist fähig, auch das ‹größte Lehrstück› (*megiston mathêma*: *Politeia* VI.505a), die Idee des Guten, zu untersuchen und sogar bei ihr (der *archê anhypothetos*) zu einer gültigen Definition, zu einem *logos tês ousias*, zu gelangen

(*Politeia* VII.534b). Zudem versucht er, Entitäten aufgrund gemeinsamer begrifflicher Merkmale zu Klassen zusammenzufassen (*synopsis*). Im Unterschied zum Mathematiker soll der Dialektiker seine Grundannahmen (*hypotheseis*) nicht einfach setzen, sondern sie zudem rechtfertigen und damit ihren Hypothesencharakter ‹aufheben› (*anhairein*, *aphairein*: *Politeia* VI 510c und VII.533c).

Nicht zwingend im Kontrast zu den methodisch reflektierten Erkenntnisformen des *elenchos* und der Dialektik steht, dass es für den frühen Platon zudem ein Wissen aus der ‹Wiedererinnerung› (*anamnêsis*) gibt. Im *Menon* wird dessen Existenz exemplarisch daran vorgeführt, dass ein weitgehend ungebildeter Sklavenjunge ohne jeden Unterricht, allein durch geschicktes Fragen, auf die Lösung für die mathematische Frage gebracht werden kann, wie sich zu einem gegebenen Quadrat ein Quadrat mit dem doppelten Flächeninhalt konstruieren lässt. Wenn man ihn lediglich fragen muss, um sein latentes Wissen zu aktivieren, bedeutet dies, so Platon, dass er sich (mit oder ohne fremde Unterstützung) an ein vorgeburtliches Wissen erinnern kann. Im *Phaidon* erscheint die These von der Wiedererinnerung erneut: Wir verfügen danach immer schon über ein unerworbenes ‹Ideenwissen›. Platons Beispiel ist ‹das Gleichgroße selbst› (*auto to ison*), das man z. B. auf zwei in etwa gleich große Hölzer bezieht, auch wenn diese vielleicht nicht idealerweise gleich groß sein mögen und auch wenn Menschen verschiedener Meinung darüber sein mögen, ob das Prädikat ‹gleich groß› auf zwei gegebene Holzstücke tatsächlich zutreffen mag. Das Gleichgroße selbst bildet, so Platon, unseren immer schon vorhandenen, nicht aus der Erfahrung abgeleiteten Maßstab, ohne den wir Sinnliches nicht beurteilen können und über den es keinen intersubjektiven Dissens geben kann.

Psychologie: ‹Seele› (*psychê*) gehört zu den Schlüsselbegriffen in Platons Philosophie überhaupt. Zum einen ist die Seele für ihn das Unsterbliche im Menschen; in der Linie des Pythagoreismus hält Platon an der Theorie der Reinkarnation fest. Zum anderen ist die Seele das Prinzip der Innenwelt, also das, was die

Grundlage von Wahrnehmungen, Gedanken, Emotionen, Wünschen, Trieben und Begierden bildet. Platon ist Leib-Seele-Dualist; er bestimmt den Tod als «Trennung der Seele von Körper» (*Phaidon* 64c). Die Seele ist ambivalent: Sie *kann* sich sowohl am Körperlich-Sinnlichen ausrichten als auch am Göttlich-Intelligiblen; Platon favorisiert eine Orientierung am Intelligiblen und verbindet mit der Abwendung vom Sinnlichen überdies die Vorstellung, man solle seine Seele von der Belastung durch Unrecht (*adikia*) freihalten.

Im Verlauf des *Phaidon* entwickelt Platon vier Argumente zugunsten der Unsterblichkeit der Seele. (1) Das Argument aus den Gegensätzen (70d-72e) beruht auf der Vorstellung, dass sich alles aus seinem Gegensatz ergibt und zu diesem auch wieder zurückkehrt. Woran Platon hier denkt, lässt sich am Beispiel von Wachsein und Schlafen illustrieren: Wer wach ist, hat zuvor geschlafen und wird wieder schlafen; wer schläft, war zuvor wach und wird wieder wach sein (71b-c). Ebenso soll die Seele zwischen Leben und Tod hin und her oszillieren: Sie geht beim Sterben vom Lebendigsein zum Totsein über und kehrt bei der Geburt vom Totsein zum Leben zurück; dabei bleibt sie selbst konstant. (2) Das Argument aus der Wiedererinnerung (72e-77a) greift auf die *anamnêsis*-Theorie zurück: Demnach verfügen wir über eine Form von Wissen, die wir nicht als erworben – zumindest nicht als in diesem Leben erworben – verstehen können. (3) Das Argument aus der Ähnlichkeit der Seele mit dem Göttlichen (77b-84b) stützt sich darauf, dass die Seele unvergänglich sein soll, weil sie dem Ewigen, Unzusammengesetzten und Unauflöslichen gleiche. Sokrates argumentiert, die Seele sei «im höchsten Maße ähnlich» (*homoiotaton*) demjenigen, das er als das Göttliche, Unsterbliche, Intelligible, Eingestaltige, Unauflösbare und Sich-immer-gleich-Verhaltende beschreibt. (4) Das letzte Argument zugunsten der Unsterblichkeit (103c-107b) beruht auf der Einsicht, dass bestimmte Entitäten Wesensmerkmale aufweisen, die mit ihrem Gegenteil unverträglich sind. So kann beispielsweise Schnee niemals anders als kalt sein und Feuer niemals anders als warm. Wird Schnee erhitzt, so verschwindet er, aber er gibt niemals seine Eigenschaft des Kaltseins auf. Genauso soll die Eigenschaft ‹Leben› mit der Seele verbunden sein. Denn die Seele ist dasjenige Prinzip, das den Körper durch seine Anwesenheit lebendig macht. Zwar könne man die Seele aus dem Körper vertreiben, indem man einen Menschen tötet; was einem aber nicht gelinge, ist, die Eigenschaft des Lebendigseins aus der Seele selbst herauszulösen.

In Platons mittleren Dialogen findet sich eine neuartige Interpretation dessen, was man als ‹inneren Konflikt› oder ‹Willenskonflikt› bezeichnet. Was genau geschieht, wenn etwas in mir davon abrät, ein weiteres Glas Wein zu trinken, während ich ein großes Verlangen danach spüre? In den Schriften *Phaidros* und *Politeia* vertritt Platon eine Lehre von drei unterschiedlichen Seelenteilen. Sie wird in der *Politeia* unter Hinweis auf die Möglichkeit gegensätzlicher Begierden oder Tendenzen eingeführt (Rep. 436b ff.; ähnlich *Phaidros* 253d ff.). Platon argumentiert dann wie folgt: Wenn der Satz vom Widerspruch gilt, sind mehrere gleichzeitige, aber gegensätzliche Tendenzen in der Seele unmöglich; ein und dieselbe Seele kann dasselbe nicht zum selben Zeitpunkt wollen und nicht wollen. Daher schlägt er vor, man müsse diverse seelische Teilbereiche voneinander unterscheiden. Weil sich der seelische Konflikt stets zwischen einem rationalen und einem irrationalen Handlungsimpuls abspiele, müsse es neben dem vernünftigen auch einen unvernünftigen Seelenteil geben. Der irrationale Teil wird dann nochmals in zwei Vermögen zerlegt. Die Seele gliedert sich nach Platon also dreifach: in einen vernünftigen Teil (*logistikon*), einen ‹muthaften› (*thymoeides*) und einen begehrlichen Teil (*epithymêtikon*). Platon kann auf diese Weise erklären, wie es möglich ist, dass jemand in sich zugleich eine vernünftige und eine unvernünftige Handlungstendenz vorfindet, die miteinander im Widerstreit liegen. Mit dieser Theorie unterscheidet sich Platon recht deutlich vom moralischen Intellektualismus des Sokrates. Man sieht dies etwa an seinen Schilderungen von der Eigentätigkeit unkontrollierter Begierden. In *Politeia* IX heißt es z. B., der begehrliche Seelenteil lasse im Traumzustand keine Verrücktheit und Schamlosigkeit aus (571c, vgl. 527b). In dieselbe Richtung geht die Feststellung, die irrationale Seele tendiere zu unersättlichen

Begierden (442a f.). Eine solche Darstellung des Seelenlebens wäre bei Sokrates ausgeschlossen. Doch sollte man Platons Distanzierung von Sokrates nicht überschätzen. Weder er selbst noch Aristoteles in seiner Nachfolge verstehen den irrationalen Seelenteil als autonomes Unbewusstes, wie es uns aus der Freud'schen Psychoanalyse geläufig ist. Die irrationalen Anteile der Seele (Emotionen, Triebe, Begierden, Lust- oder Schmerzempfindungen) sind für Platon weder unzugänglich und unbewusst, noch ist ihre anarchische Eigentätigkeit unvermeidlich. Vielmehr verselbständigen sie sich nur im Fall einer mangelhaften Vernunftherrschaft, und auch dann nur partiell. Die irrationalen Anteile der Seele bilden eine Größe, die von der Vernunft definitiv kontrolliert werden kann und deren Kontrolle ein entscheidendes Ziel der philosophischen Selbstschulung darstellt.

Moralphilosophie: Im Zentrum der antiken Moralphilosophie stehen generell Tugend- und Glücksmodelle, die die Antwort auf die Frage liefern sollen, welche Form des menschlichen Lebens als gut oder wählenswert anzusehen ist. Unter welchen Bedingungen gelingt eine Biographie? Wann und warum ist sie vom Scheitern bedroht? Dieses Modell ist auch für Platon maßgeblich. Den Ausgangspunkt seiner moralphilosophischen Überlegungen bildet somit die Frage: «Wie soll man leben?» (*hontina tropon chrê zên Politeia* I.352d). Zu beachten ist, dass das ‹soll› hier nicht für ein moralisches, sondern für ein glücksorientiertes Sollen steht. Platon vertritt in der Linie des Sokrates einen moralischen Intellektualismus, also die Überzeugung, die menschliche Vernunft sei sowohl notwendig als auch hinreichend für das Glück. Die für die Antike typische Betonung asketisch-psychologischer Praktiken und Techniken ist bei Platon daher weitgehend auf kognitive Übungen beschränkt.

Zentral für die Moralphilosophie Platons ist ferner das Motiv einer möglichst weitgehenden ‹Angleichung an Gott› (*homoiôsis theô*), das Platon mehrfach als Ziel philosophischer Bemühung hervorhebt (*Theaitetos* 176a-b; *Politeia* X.613a-b). Platon bildet also einen emphatischen Begriff von der persönlichkeitsverändernden Wirkung der Philosophie: Der Philosoph besitzt wahres Wissen (*epistêmê*) im Unterschied zu bloßer Meinung (*doxa*), denn die Gegenstände seines Wissens sind, wie Platon meint, stets unveränderlich. Dem Philosophen wird als Kontrastfigur der Sophist gegenübergestellt, der als bloßer Taschenspieler und Trickbetrüger charakterisiert wird. Damit jemand zum Philosophen werden kann, muss er eine Umwendung oder Konversion vollzogen haben (*periagôgê*, *peristrophê*). Philosophie steht so betrachtet für einen Aufstieg (*epanhodos*) der Seele (*Politeia* VII.518d).

Platon beschreibt die Tugend, insbesondere die Gerechtigkeit, als etwas unbedingt Wählenswertes – unabhängig davon, welche Folgen die Tugend mit sich bringt, und gleichgültig, was das letzte Ziel menschlichen Strebens ist. Da er in der *Politeia* unter Gerechtigkeit die volle funktionale Entfaltung der Seele versteht, ist eine tugendhafte Seele (und analog dazu ein gerechter Staat) intrinsisch wünschenswert, weil allein sie (bzw. allein der vollkommen gerechte Staat) ein funktionales Optimum erreicht. Dass der Übergang vom Mangelzustand einer Entität zu ihrem Erfüllungszustand von ihr ‹gewollt› wird, ist für Platon eine schlichte begriffsanalytische Wahrheit. Nachdem dies klar ist, liegt auch auf der Hand, wodurch eine Seele bzw. der Staat ein funktionales Optimum erreichen: Dadurch, dass sie ihre Funktion erfüllen oder, wie es heißt, «das Ihrige tun» (*ta hautou prattein*), also ihre spezifischen Fähigkeiten entfalten (*Rep.* IV.433a). Platon deutet die so verstandene Gerechtigkeit (*dikaiosynê*) als Einheitsmoment der drei weiteren Tugenden Besonnenheit (*sôphrosynê*), Tapferkeit (*andreia*) und Weisheit (*sophia*), die er den drei von ihm unterschiedenen Seelenteilen *epithymêtikon*, *thymoeides* bzw. *logistikon* zuordnet. Die einzelnen *aretai* stehen zueinander in einem notwendigen Verhältnis; keine kann ohne die andere vorkommen (*Rep.* IV.428a). Die Tugenden der Seelenteile werden ebenfalls als deren jeweiliges funktionales Optimum gedeutet. Die vollkommene Tugend besteht somit in der Harmonie eines bestmöglichen Zusammenspiels der drei Seelenteile des Individuums (bzw. der drei Stände eines Staates). Dieses soll sich als Konsequenz der philosophischen Einsicht ergeben. Die *dikaiosynê* ist soweit als intrinsisches Gut vergleichbar dem Wohlbefinden oder dem unschädlichen Vergnügen erwiesen.

Platon entwickelt zudem ein Argument, das auf dem Vergleich eines gerechten und eines ungerechten Lebens beruht, nämlich darauf, dass der Gerechte – der Philosoph – seine Gerechtigkeit durch die Betrachtung und Nachahmung der Ideenordnung erhält (*Politeia* IX.580a–c). Der Philosoph wird dadurch gerecht, dass er auf die Ideen, also etwas Wohlgeordnetes und Gleichbleibendes schaut und deren Ordnung imitiert (*Politeia* VI.500c). Der Gerechte bildet gleichsam die Ordnung des Universums in sich ab. Die hochgradige Regularität der Himmelsbewegungen und ihre exakte Beschreibbarkeit mit den Mitteln subtiler Formen von Mathematik rufe bei Experten der Astronomie, so Platon an anderer Stelle, eine wissenschaftlich reflektierte Form von Religiosität hervor (*Nomoi* XII.966e–967b). Auch im *Timaios* wird aus analogen Überlegungen eine ethische Forderung abgeleitet; dort heißt es, man müsse sich als Individuum soweit wie möglich an die Regularität der kosmischen Umläufe angleichen (90d). Entsprechend wird auch in *Politeia* VII das Bild vom Himmel und seinen Bewegungen ins Spiel gebracht, um von einer stabilen und regulären Ordnung der Welt auf die Forderung nach einer möglichst ähnlichen Ordnung der menschlichen Seele überzugehen; was geordnet sei und sich stets gleich verhalte, das, bei dem es kein Unrechttun und kein Unrechtleiden gibt, wird der menschlichen Seele zur Nachahmung empfohlen. Ein Individuum, das sich in vollem Umfang der Ordnung des Kosmos und der dahinter stehenden Ideenordnung angleichen würde, wäre nach *Politeia* VI und VII der perfekte Regent eines idealen Staates.

Politische Philosophie: Überlegungen zur politischen Philosophie bilden in den platonischen Schriften eines der großen und wiederholt behandelten Themen. Bereits im Frühdialog *Kriton* lässt Platon seinen Sokrates eine politische Argumentation vortragen, der zufolge man den staatlichen Gesetzen unbedingten Gehorsam schuldet (50a–54d). Im *Protagoras* findet sich eine Kontroverse über die Frage, ob jeder Mensch über ‹politische

Tugend› verfüge und ob er daher an der politischen Meinungs- und Willensbildung beteiligt werden sollte, wie das demokratische Athen dies praktizierte (320c–324c). Im *Gorgias* bezeichnet sich Sokrates selbst als den einzigen unter den Zeitgenossen, der sich mit der wahren politischen Kunst (*politikê technê*) auseinandersetzt und der «politische Angelegenheiten betreibt» (*prattein ta politika*: 521d). In der *Politeia* wird mit erheblichem argumentativen Aufwand das Modell einer idealerweise gerechten Polis entworfen, in welcher die mit perfektem Wissen ausgestatteten Philosophen herrschen sollen; die Realisierungschancen des Entwurfs werden allerdings von Platon explizit gering veranschlagt. Der Dialog *Politikos* liefert demgegenüber eine praktikablere Konzeption vom Wissen des Staatsmanns, skizziert eine Verfassungstheorie und verteidigt die Vorstellung einer Gesetzesordnung. In seinen späten *Nomoi* entwickelt Platon schließlich in detaillierter Form das Modell einer wohlgeordneten, gesetzesbasierten Polis, die er als zweitbeste und zugleich als realisierungsfähige politische Option betrachtet zu haben scheint.

Folgende Aspekte und Motive können als grundlegend für die platonische politische Philosophie (zumindest für die des reiferen Platon) gelten: Zunächst, Platon scheint sein politisches Denken in mehr oder minder pointiertem Kontrast zur athenischen Demokratie des 5. Jahrhunderts wie zur Tyrannis seiner eigenen Zeit entwickelt zu haben, da er das politische System Athens für den Justizmord an Sokrates verantwortlich macht, der «der beste, vernünftigste und gerechteste der damals lebenden Menschen gewesen» sei (*Phaidon* 118a). Hauptsächliche Fehler der Demokratie liegen für Platon in einem Übermaß an individueller Freiheit und in der politischen Partizipation charakterlich ungeeigneter Personen. Im Hintergrund steht eine tendenziell pessimistische Anthropologie, nach der Menschen (oder doch die meisten von ihnen) nicht ohne eine sie bestimmende Herrschaftsordnung leben können. Da die jeweils Regierenden stets in der Gefahr eines Machtmissbrauchs stehen, erscheint folgerichtig eine Herrschaft der Götter über die Menschen (analog der überlegenen Herrschaft eines Hirten über seine Herde) als bestmögliche Lösung. Doch eine solche Regierungsform ist nicht zu haben; folglich besteht das verfügbare politische Optimum für Platon darin, dass ein maximal einsichtsgeleiteter Mensch – der zugleich frei von eigennützigen Interessen sein soll – die Staatsführung übernimmt. Auf diese Weise kommt es zu Platons Wertschätzung für die Herrschaft philosophischer Experten. Von welcher Art deren Expertenwissen ist, wird in verschiedenen Anläufen bestimmt; es handelt sich jeweils um sehr anspruchsvoll gefasste Vorstellungen umfassender Kenntnisse. Klar ist für Platon, dass es dieses Wissen ist, das eine gute politische Herrschaft von der der zeitgenössischen (demokratischen oder tyrannischen) Politiker und von der (Pseudo-)Kompetenz der Sophisten unterscheidet.

Platon und Aristoteles werden häufig in ein simples kontrastives Verhältnis zueinander gesetzt: Spekulativer Denker vs. Empiriker, Metaphysiker vs. Immanentist, genialer Synoptiker vs. methodisch verfahrender Spezialist, spielerischer Liebhaber literarischer Formen vs. Autor nüchterner Abhandlungen. Wer zu solchen Gegenüberstellungen greift, folgt damit der berühmten (aber allzu groben) vergleichenden Darstellung der beiden Philosophen auf Raffaels Fresko ‹Die Schule von Athen›. Dort zeigt Platon mit erhobenem Finger nach oben (um auf die transzendente Realität der Ideen hinzuweisen), während Aristoteles die flache Hand nach vorne streckt (um die Philosophie auf immanente Erklärungsprinzipien festzulegen). Doch alle diese Antithesen sind zumindest überpointiert. Platon und Aristoteles teilen die weitaus meisten Auffassungen, Argumente, Begriffe und Methoden miteinander. Auch die teilweise harsche Platon-Kritik, die wir bei Aristoteles finden, etwa die Ablehnung der platonischen Ideen, die Zurückweisung des Idealstaats der *Politeia* oder die Kritik an der ‹Idee des Guten› ändert hieran nichts. Treffender wird das Verhältnis der beiden Philosophen durch die latinisierte Wendung umschrieben ‹Amicus Plato, magis amica veritas› (‹Platon ist ein Freund, aber in höherem Maß ist die Wahrheit eine Freundin›, nach EN I.4); sie belegt, dass Aristoteles sich bei allen Differenzen eng mit Platon verbunden fühlte.

Aristoteles (384–322 v. Chr.) wurde in Stageira im nördlichen

Griechenland als Sohn einer gebildeten Familie geboren; sein Vater war Arzt am makedonischen Königshof. Im Alter von 17 Jahren begann Aristoteles seine Studien an der platonischen Akademie in Athen, wo er für etwa 20 Jahre blieb, nämlich bis zu Platons Tod um 347. Wegen der stark anti-makedonischen Stimmung in Athen folgte Aristoteles einer Einladung des Herrschers Hermias von Atarneus nach Assos (Kleinasien). Danach hielt er sich im nahe gelegenen Mytilene (Lesbos) auf, wo er mit seinem Schüler Theophrast zoologische Studien unternahm. Um 342 unterrichtete Aristoteles am makedonischen Königshof den jungen Alexander den Großen. Makedoniens Sieg in der Schlacht bei Chaironeia beendete auch das Exil des Aristoteles; gegen 335 konnte er nach Athen zurückkehren und an einer eigenen philosophischen Schule lehren: dem Lykeion (‹Peripatos›). Mit Alexanders Tod (323) kam es erneut zu anti-makedonischen Ressentiments; Aristoteles musste Athen noch einmal verlassen und ging nach Chalkis (Euboia), wo er 322 starb.

Ontologie: Aristoteles' ungefähres Äquivalent für unseren Begriff der Ontologie ist ‹erste Philosophie› (*Metaphysik* E1): Und nach *Metaphysik* Γ1 ist sie diejenige Wissenschaft, die das Seiende als Seiendes untersucht. Aristoteles konstatiert mehrfach, dass der Ausdruck ‹seiend› in vielen verschiedenen Bedeutungen auftritt (*to on legetai pollachôs*: *Metaphysik* Γ2 u. ö.). Diese Bedeutungen verhalten sich nun nicht zusammenhanglos zueinander, sondern beziehen sich auf eine Kernbedeutung. Für Aristoteles wie für Platon gibt es ein vorrangig Seiendes, von dem her das zu verstehen ist, was es nachrangiger- oder abgeleiteterweise gibt. Die Frage danach, was das ist, das es eigentlich gibt, beantwortete Platon mithilfe intelligibler Entitäten: den Ideen. Deren Existenz lehnt Aristoteles jedoch ab. Was für ihn in einem vorrangigen Sinn existiert, sind Substanzen. Unter einer Substanz (*ousia*) versteht Aristoteles zunächst ein Einzelding, das man einer Art zuordnen kann, sei diese nun eine natürliche Art (Mensch, Pferd, Baum) oder ein Typ von Artefakt (Haus, Schiff, Tür). Substanzen in diesem Sinn besitzen die Eigenschaft, selbständig zu sein; auf sie beziehen sich andere Bestimmungen als ihre Eigenschaften oder Merkmale. Aristoteles verwendet den Ausdruck *ousia* allerdings noch in einem zweiten Sinn: also nicht nur für Einzeldinge, die selbständig existieren, sondern auch für das, was ein Einzelding zu etwas selbständig Existierendem *macht*. Aristoteles gebraucht *ousia* mithin sowohl einstellig (‹x ist eine Substanz›) als auch zweistellig (‹y ist die Substanz von x›).

Die frühe Behandlung der aristotelischen Ontologie findet sich in den *Kategorien*. Dort unterscheidet Aristoteles zwischen ‹erster› und ‹zweiter Substanz›. Die erste Substanz meint ein konkretes Einzelding (z. B. ein bestimmtes Pferd), die zweite Substanz die Art bzw. die Gattung dieses Einzeldings (die biologische Spezies Pferd). Zu dieser Unterscheidung gelangt Aristoteles, indem er zwei Kriterien miteinander kombiniert: (a) Substanz ist das, was nicht ‹in einem anderen› ist, was also nicht an einem Träger vorkommt; (b) Substanz ist das, was in einem Aussagesatz an Subjektstelle steht, wovon etwas anderes (das Prädikat) ausgesagt wird. Das, woran etwas gemäß (a) als an seinem Träger vorkommt, heißt *hypokeimenon*: gemeint ist also ein Substrat. Den Ausdruck *hypokeimenon* gebraucht Aristoteles aber auch im Sinn des Subjekts eines Aussagesatzes. Substanzen sind also diejenigen vorrangigen Entitäten, die selbständig sind, d. h. nicht an etwas anderem als dessen Merkmal vorkommen; und sie sind gemäß (b) das, wovon alles andere ausgesagt wird. Erste Substanzen sind somit das, was nie an einem anderen vorkommt und (so gut wie) nie an Prädikatstelle im Aussagesatz steht. Zweite Substanzen (Arten und Gattungen) kommen ebenfalls nie an etwas anderem vor, stehen aber bisweilen an Prädikatstelle (etwa in dem Satz ‹Sokrates ist ein Mensch›). Alle weiteren Bestimmungen, die wir gebrauchen, nämlich qualitative, quantitative, räumliche oder zeitliche Bestimmungen usw., beziehen sich auf sie. Aristoteles gibt uns eine Liste von genau zehn Arten solcher Bestimmungen, nämlich außer der Substanz: Quantität, Qualität, Relation, Ort, Zeit, Lage, Haben, Tun und Leiden.

Die ausgedehnteste Behandlung des Themas Substanz findet sich aber in *Metaphysik* VII-IX. Dort nennt Aristoteles vier verschiedene Kriterien dafür, die *ousia* zu sein (VII. 3): Das Was-es-heißt-dies-zu-sein (*to ti ên einai*), das Allgemeine, die Gattung und das Substrat (*hypokeimenon*). Zudem gibt es drei Kandidaten dafür, dasjenige auszumachen, was die Substanz ist – sozusagen das Substantielle an der Substanz: Form (*eidos*), Materie (*hylê*) und das aus ihnen Zusammengesetzte (*synholon*). Das Substrat scheidet als taugliches Kriterium aus, weil es nichts Selbständiges oder ‹Abgetrenntes› ist, wie dies für die Substanz gilt. Allgemeines und Gattung sind zur Beschreibung dessen, was die Substanz kennzeichnet, ebenfalls nur bedingt geeignet; erklärt werden soll ja gerade, was etwas Substantielles zu einem Selbständigen macht, während diese nur das angeben, was es mit vielen anderen gemeinsam hat. Nur das Was-es-heißt-dies-zu-sein erfüllt die Anforderungen, die an ein geeignetes Substantialitätskriterium zu stellen sind: Selbstständigkeit, aber auch Formbestimmtheit. Folglich muss die Form dasjenige sein, was eine Substanz ausmacht. Gleichwohl ist die hier gemeinte Form keine über den Dingen existierende platonische Idee; sie ist dasjenige, was beim intergenerationellen Formentransfer während der sexuellen Reproduktion von Lebewesen weitergegeben wird bzw. was der Handwerker (z. B. der Architekt) aus seinem Geist auf das Material (hier: das Baumaterial) überträgt. Sie ist aber auch nichts bloß Individuelles. Denn nach Aristoteles überträgt der Vater bei der Zeugung seine eigene Form auf das entstehende Kind (und ebenso der Arzt die Form der Gesundheit auf den kranken Patienten). Alle Mitglieder einer Spezies besitzen durch sexuelle Reproduktion ein und dieselbe Form.

In *Metaphysik* XII schließlich unterscheidet Aristoteles zwischen drei Typen von Substanz: den wahrnehmbaren, ewigen und bewegten (gemeint sind die sichtbaren Himmelskörper), den wahrnehmbaren vergänglichen (die sublunaren Substanzen, etwa Pflanzen und Tiere) und schließlich den ewigen, unbewegten. Diese unbewegten Beweger sind göttliche Wesen, mit deren Hilfe sich die Ewigkeit und Regularität der kosmischen Bewegung erklären lässt. Aristoteles thematisiert zunächst nur einen einzigen, den ersten unbewegten Beweger, und bestimmt dann die Anzahl der weiteren göttlichen Substanzen als 55. So viele Götter braucht es nach aristotelischer Modellbildung, um die himmlischen Bewegungsabläufe rekonstruieren zu können.

Vom ersten unbewegten Beweger wird ausdrücklich gesagt, er sei ohne Potentialität (*dynamis*), vielmehr reine Aktivität (*energeia*), er sei ein Gott und er führe das «angenehmste Leben». Seine Tätigkeit wird als das Denken des vorzüglichsten Denkobjekts beschrieben, und dies ist er selbst.

Wissenschaftskonzeption: Deutlich von Platon weicht Aristoteles' Vorstellung von Wissenschaft ab. Während Platon – wie später z. B. Leibniz – Vertreter einer Einheitswissenschaft ist, verteidigt Aristoteles einen ‹epistemischen Pluralismus›. Das bedeutet, er ist nicht der Meinung, dass alles, was sich wissen lässt, mit einer einzigen Methode erfasst und in einer einzigen Theoriesprache formuliert werden kann. Die Wissensgebiete und ihre jeweiligen Gegenstände, Herangehensweisen, Thesenbildungen und Plausibilisierungsformen divergieren vielmehr irreduzibel voneinander. Aristoteles unterscheidet zwischen theoretischen, praktischen und poietischen Wissenschaften. Erstere sind ausschließlich ‹betrachtend›; sie untersuchen invariante Gegenstände (metaphysische und logische Prinzipien, Ursachen, grundlegende Theorien und Argumente, mathematische Objekte). Praktische Wissenschaften sollen das Handeln des Menschen anleiten; sie zielen auf das gute und gelingende Leben des Einzelnen oder der Gemeinschaft (Moralphilosophie und politische Philosophie). Poietische Wissenschaften leiten nicht das Handeln an, sondern das Herstellen; ihr Ziel besteht darin, ein äußeres Produkt zu verfertigen. Auf der Basis dieser Unterscheidung und der Differenzierung einzelner Wissenschaften formuliert Aristoteles einen Grundsatz, den man als ‹Prinzip der gegenstandsgerechten Genauigkeit› bezeichnet hat: Demnach wäre es ebenso verfehlt, «von einem Mathematiker bloße Plausibilitätsargumente zu akzeptieren wie von einem Rhetor strikte Beweise zu verlangen» (EN I.1). In der Moralphilosophie beispielsweise muss man sich damit begnügen, Grundsätze für Gegebenheiten zu entwickeln, die sich lediglich ‹meistenteils› (*hôs epi to poly*) so und so verhalten; strenge Allgemeinheit kann es hier aber nicht geben, weil in der moralischen Handlungsrealität bisweilen unerwartete Fälle auftreten.

Psychologie: Aristoteles' Theorie des Seelischen unterscheidet sich relativ deutlich von derjenigen Platons. Zunächst zeigt sich dies daran, dass er die Seele in ontologischer Hinsicht als ‹Form› des Körpers bestimmt. Anders als bei Platon kommt der *psychê* nach Aristoteles mithin keine Selbständigkeit zu; sie ist folgerichtig auch nicht unsterblich. Die Seele als Form des Körpers aufzufassen bedeutet, ihr die Rolle eines unselbständigen Teilmoments in einem psycho-physischen Ganzen zuzuweisen. Aristoteles vertritt somit einen Hylemorphismus, d. h. eine Theorie, wonach Seele und Körper zwei für sich unselbständige, korrelative Größen sind, von denen sich die eine gleichwohl nicht auf die andere reduzieren lässt. Auf diese Weise verfügt Aristoteles über eine attraktive Mittelposition zwischen einem platonischen Dualismus (der das Körperliche abwertet und zudem die Schwierigkeit hat, die Verbindung des Psychischen mit dem Physischen verständlich zu machen) und einem reduktiven Materialismus (der das Seelische oder Mentale auf Eigenschaften des Stofflichen zurückführen will).

Aristoteles weist der Seele eine Reihe von Funktionen zu, die bei Platon noch keine Rolle spielen: So fungiert sie nicht nur als Sitz der Begierden und Antriebe, sondern auch als Steuerzentrum von Ernährung, Wachstum und Fortpflanzung. Im Hintergrund steht Aristoteles' Idee einer ‹zielgerichteten Entwicklung› (*entelecheia*), mit der er artspezifische Gelingensbedingungen für Lebewesen formuliert. Wesentlich genauer als Platon diskutiert Aristoteles die sinnliche Wahrnehmung, deren fünf Sinnesorgane er in unmittelbare Sinne (Tasten, Schmecken) und Distanzsinne (Sehen, Hören, Riechen) einteilt. Jeder Sinn hat ein eigenes Objekt (z. B. das Hören das Geräusch); allen gemeinsam ist dagegen, dass sie imstande sind, Bewegung, Ruhe, Zahl, Gestalt und Größe zu erfassen. Prominent ist schließlich Aristoteles' Unterscheidung zwischen einem ‹alles bewirkenden Intellekt› und einem ‹erleidenden Intellekt› (*nous tô panta ginesthai – pathêtikos nous*: *De anima* III. 5). Es scheint plausibel, den Ersteren als göttlichen Geist zu deuten; denn von ihm heißt es, dass er das menschliche Denkvermögen aktualisiert (oder aktiviert).

Moralphilosophie: Auch Aristoteles' Moralphilosophie basiert auf dem Glücksbegriff, d. h. sie ist eudämonistisch. Ihr zweites begriffliches Zentrum liegt im Begriff der Tugend. Unter Glück (*eudaimonia*) versteht Aristoteles keinen positiven mentalen Zustand, sondern das objektive Gelingen eines Lebens. Um sein Leben gelingen zu lassen, muss jemand im Besitz glücksrelevanter Güter sein, und zwar im dauerhaften Besitz mehr oder weniger aller solcher Güter. Aristoteles scheint im Unterschied zu zahlreichen anderen antiken Moralphilosophen Güterpluralist zu sein: Er erklärt eine Mehrzahl von Gütern für glücksrelevant; bereits das Fehlen eines dieses Güter trübt das Glück ein. Zum aristotelischen Glücksverständnis gehören etwa Gesundheit und körperliche Vorzüge, soziale Anerkennung, Wohlstand, Bildung und das Leben in einem erfolgreichen Gemeinwesen. Vor allem hält Aristoteles für glücksrelevant, ob jemand im Besitz der Tugenden ist.

Anders als Platon kennt Aristoteles zwei Gruppen von Tugenden: ethische und dianoetische. Unter Ersteren sind erlernte Charaktervorzüge zu verstehen, mit denen wir unser Handeln in einem bestimmten Wirklichkeitsbereich in optimaler Weise und mit verlässlicher Konstanz steuern können. Wer etwa die Tugend der Tapferkeit besitzt, wird im Bereich des gefahrenbehafteten Handelns ein angemessenes Maß an Risikobereitschaft aufbringen. Er verhält sich dann so, dass er eine optimale Mitte zwischen übertriebenem Selbstschutz (Feigheit) und extremer Selbstgefährdung (Tollkühnheit) einhält. Die Lehre von der Charaktertugend als der Mitte (*mesotês*) hat also den Sinn, die Fähigkeit, welche den Tugendhaften (*phronimos*) auszeichnet, als die einer situationsgerechten angemessenen Handlungswahl zu charakterisieren (den Besitz der richtigen begleitenden Emotionen eingeschlossen). Solche ethischen Tugenden kennt Aristoteles in größerer Zahl als Platon; er beschreibt 13 verschiedene Tugenden, lässt seine Liste aber grundsätzlich offen. Dianoetische Tugenden sind erworbene intellektuelle Fähigkeiten einer Person, die sich in deren stabilem Besitz befinden. Aristoteles kennt sechs von ihnen: Wissen (*epistêmê*), Weisheit (*sophia*), Intellekt (*nous*), Kunstfertigkeit (*technê*) und Klugheit (*phronêsis*).

Dass die oben genannten körperlichen und äußeren Güter glücksrelevant sind, liegt auf der Hand. Aber warum sind für Aristoteles auch die Tugenden von Bedeutung für die *eudaimonia*, ja sogar von entscheidender Wichtigkeit? Die Antwort darauf liefert er in seinem Argument von der spezifischen Funktion des Menschen (*ergon tou anthrôpou*). Nach Aristoteles besitzt der Mensch ein funktionales Optimum, das er dann erreicht, wenn er aktiv ist gemäß der vollkommenen Tugend im intellektuellen Seelenteil. Das gemeinte Optimum ist zu verstehen in Analogie zur funktionalen Bestheit eines Messers, welches vorzüglich schneidet. Ein Mensch in einem solchen Bestzustand hat die wichtigste seiner potentiellen Vorzüglichkeiten vollständig aktualisiert. Von hier aus ist es nur noch ein kurzer Weg zu der These, dass Menschen ihr volles Glück erreichen, wenn sie ein Leben der theoretischen Betrachtung (*bios theôrêtikos*) führen. Sie gleichen dann dem Gott – wenigstens in den Zeiten, in denen ihnen dieses theoretische Leben offensteht.

Politische Philosophie: Vielleicht das wichtigste Kennzeichen des aristotelischen politischen Denkens liegt in dessen eudämonistischer Basis. Aristoteles entwickelt seine politische Theorie vor dem Hintergrund der Frage nach dem höchsten Gut, welches er, wie wir eben sahen, im Glück oder gelingenden Leben (*eudaimonia*) des Individuums situiert. Unter Rückgriff auf seine Unterscheidung von bloßem Leben (*zên*) und gutem Leben (*eu zên*) betont er, das Ziel des Staates (*polis*) liege im guten Leben seiner Bürger (*Politik* III. 9). Ohne die *polis* bliebe das gute Leben für einen Menschen faktisch unerreichbar. Aristoteles interpretiert die *polis* mithin als dasjenige Gebilde, das den menschlichen Anlagen am besten entspricht, weil es – und nur es – dazu imstande ist, die ‹artgerechten› Lebensbedingungen des Menschen vollständig zu garantieren. Darin unterscheidet sich die *polis* von der erotischen Partnerschaft, der familiären Hausgemeinschaft (Großfamilie) und der dörflichen Gemeinschaft. Während diese kleineren sozialen Einheiten bestenfalls das unmittelbar Lebensnotwendige zur Verfügung stellen, sorgt die politische Gemeinschaft für differenziertere materielle Bedürfnisse sowie für die charakterliche Ausformung ihrer Bürger. Moralische und intellektuelle Tugenden lassen sich nach Aristoteles nur in einer größeren, politischen Gemeinschaft, und zwar durch Erziehung und Nachahmung, erwerben. Hierbei hängt für den erfolgreichen Tugenderwerb alles davon ab, ob es sich um eine wohlgeordnete, kultivierte, prosperierende Bürgergemeinschaft handelt oder nicht. Somit kann es das Glück einer umfassend gelingenden Lebensführung für Aristoteles nirgendwo sonst als in einem funktionierenden politischen Kontext geben. Erst dieser stellt alle erforderlichen Güter bereit und verhilft dem Individuum zur kompletten Aktualisierung seiner Anlagen. Vor einem solchen Hintergrund ist es nicht erstaunlich, dass Aristoteles Moralphilosophie und Ethik als Teile eines einzigen theoretischen Unternehmens betrachtet, das er als ‹politische Wissenschaft› (*politikê*) bezeichnet.

Aristoteles übersieht jedoch nicht, dass Menschen Staaten bereits um des bloßen Überlebens willen gründen (*Politik* III. 6). Die *polis* ergibt sich schon aus dem Wunsch nach Selbsterhaltung und der menschlichen Kooperationsnatur, nicht erst aus dem weitergehenden Glücksinteresse. Wären Individuen als Solitäre allein auf sich gestellt, so kämen sie mit bedrohlichen Umweltfaktoren wie wilden Tieren oder Feinden nicht zurecht; die Individuen selbst und ihre Nachkommenschaft wären dann gefährdet. Man muss daher zwei grundlegende Aspekte der aristotelischen Staatstheorie auseinanderhalten: einen normativen oder legitimatorischen Aspekt, der eudämonistisch orientiert ist, und einen deskriptiven oder anthropologischen, der eine naturalistische Ausrichtung besitzt. Aristoteles leitet die politische Assoziation schrittweise aus Partnerschaft, Familie und Dorfgemeinschaft her und charakterisiert sie daher als ‹natürlich› (1252b30–1253a3). Es scheint plausibel, dass sich an Aristoteles' *polis*-Genealogie in *Politik* I der Gedanke der Subsidiarität anschließt; historisch scheint ein solcher Zusammenhang tatsächlich zu bestehen. Demnach soll die *polis*-Gemeinschaft den Individuen und Familien genügend Raum zur Selbstbestimmung lassen. Nach Aristoteles gilt für viele Staaten, dass sie über einen elementar legitimierenden Gesichtspunkt nicht hinausgelangen; sie erreichen lediglich das Niveau der Überlebenssicherung, nicht die anspruchsvollere Ebene, auf der es um die Bereitstellung der für das menschliche Glück erforderlichen Güter geht.

Aristoteles charakterisiert den Menschen als ein von Natur aus gemeinschaftsbezogenes Lebewesen (*zôon politikon*: *Politik* I.2; *Historia animalium* I. 1). Diese Kennzeichnung als *zôon politikon* ist für sich genommen noch keine anthropologische Besonderheit. Auch Bienen, Wespen, Ameisen oder Kraniche sind für Aristoteles ‹politische Lebewesen›, insofern sie gemeinsam leben und gemeinsamen Tätigkeiten nachgehen. Der Mensch unterscheidet sich aber von anderen Lebewesen grundlegend darin, «in größerem Maße» (*mallon*) politisch zu sein; hiermit ist gemeint, dass Menschen höhere und weitergehende Formen des Zusammenlebens praktizieren als Tiere und enger kooperieren. Da Menschen über Sprache und Vernunft verfügen, können sie ihr Zusammenleben nicht allein instinktiv an Zwecken der Selbsterhaltung ausrichten, vielmehr gelingt es ihnen zudem, moralische und politische Gerechtigkeitsstandards zu etablieren und das Gemeinwesen am Glück des Individuums zu orientieren. Wenn sich ein Individuum der *polis* entzieht, gilt es Aristoteles entweder als ein wildes Tier oder aber als ein autarkes, quasi-göttliches Individuum.

4. Hellenistische Philosophie: Nicht nur Kontroversen über die richtige Lebenspraxis

Zu den verbreiteten Vorurteilen gegenüber der hellenistischen Philosophie gehört die Meinung, sie erreiche nicht mehr das Niveau der klassischen Epoche. Meist findet man die Behauptung, dies sei deswegen der Fall, weil nunmehr primär die Individualethik das Interesse der Philosophen bestimmt habe, nicht mehr die umfassende Theoriebildung. Die wichtigsten Schulen, also der Garten Epikurs, die Stoa, die Akademie und der Peripatos, seien hauptsächlich mit Fragen der gelingenden Lebensführung befasst gewesen – weniger mit Logik oder Epistemologie, Psychologie, Sprach- oder Naturphilosophie. In diesem Zusammenhang wird gerne auf die politische Situation des Alexanderreichs und seiner Nachfolgestaaten verwiesen, in der es zugleich mit dem Verlust bürgerlicher Mitwirkungsmöglichkeiten zu einer Konzentration auf das Individuum gekommen sei.

Dieses Urteil ist aber gleich mehrfach falsch: Die hellenistische Philosophie weist ein außerordentlich hohes Qualitätsniveau auf. Sie kennt zwar einen gewissen Primat der Ethik gemäß der Philosophiekonzeption einer ‹Lebenskunst›. Doch gibt es auch starke und originelle Beiträge zur Logik, Erkenntnistheorie, Psychologie, Sprachphilosophie oder Naturphilosophie. Bedauerlicherweise ist aber unsere Quellenlage denkbar schlecht. Wir besitzen kaum vollständig erhaltene Schriften, wenige direkte Zitate und Fragmente und auch nur eine recht begrenzte Zahl von Textreferaten der großen Autoren dieser Zeit. Ob also Epikur oder Chrysipp den Rang von Platon und Aristoteles erreichten oder nicht, lässt sich mangels Textbasis schlechterdings nicht entscheiden. (Unrichtig ist übrigens auch, dass die Polis mit ihren bürgerlichen Mitwirkungsmöglichkeiten in der hellenistischen Zeit ganz der Vergangenheit angehört hätte;

die charakteristische Polis-Struktur blieb vielerorts bis in die Spätantike erhalten.)

Dass die These vom Primat der Individualethik in der hellenistischen Philosophie aber ein gewisses Wahrheitsmoment besitzt, hängt mit der Konzeption von Philosophie als einer Lebenskunst (*technê tou biou*, *ars vitae*) zusammen. Philosophie als Lebenskunst zu betreiben bedeutete in der Antike, die Frage nach dem guten oder gelingenden Leben in den Mittelpunkt seines Nachdenkens zu rücken und die anderen Disziplinen in den Dienst dieser Leitfrage zu stellen. Gleichwohl betrieb man theoretische Philosophie auf höchstem Niveau – auch wenn das Erkenntnisinteresse letztlich eine lebenspraktische Ausrichtung aufwies. Es liegt auf der Hand, dass Fragen nach dem guten Leben, nach der Stellung des Menschen im Kosmos oder nach der Überwindung verfehlter Emotionen, Antriebe und Impulse, wenn Philosophen sich mit ihnen befassen, durchaus gründliche theoretische Untersuchungen voraussetzen. Begleitend zum praktisch ausgerichteten Philosophiebegriff der hellenistischen Epoche existierte eine ausdifferenzierte asketische Kultur (vgl. griech. *askêsis*=Übung). Bestimmte Übungen sollten die Philosophenschüler dazu anleiten, ihre Biographie in konkreter Form umzuorientieren (Hadot 1995, Horn 1998). Der Übungsgedanke erweist sich als ebenso bedeutend für die Kyniker und Epikureer, für die Stoiker, und für die Akademiker nicht minder als für die pyrrhonischen Skeptiker.

Ein verbindendes Moment besteht ferner darin, dass sich die Mehrzahl der hellenistischen Schulen als ‹sokratisch› verstand (lediglich mit Ausnahme der Epikureer). Dies geht auf jenen Richtungswechsel der Philosophie zurück, den Sokrates zum Praktischen hin vollzogen hatte. Dennoch überrascht diese Selbstdeutung, da die Familie der hellenistischen ‹Sokratiker› in Wahrheit aus weit voneinander divergierenden Positionen bestand. Bereits in der Spätantike bemerkte Augustinus mit Verwunderung, dass sich einerseits die Schule des Aristipp von Kyrene, die Kyrenaiker, auf Sokrates berief, andererseits aber auch die Schule des Antisthenes, die Kyniker (*De civitate dei* VIII. 4). Die Kyrenaiker betrachteten die Lust als höchstes Gut, die Kyniker dagegen die Tugend. Und die Kyrenaiker waren Anti-Eudämonisten (übrigens als einzige Schule innerhalb der antiken Moralphilosophie), die Kyniker dagegen waren Eudämonisten.

Beide Philosophen, Aristipp und Antisthenes, weisen das Erwerben äußerer Güter als glücksuntauglich zurück. Während aber Aristipp (Ende 5. Jh.–Mitte 4. Jh.) einen gemäßigten Hedonismus verteidigt, lässt Antisthenes (ca. 445–365 v. Chr.) allein die Tugend als Gut gelten und vertritt damit einen pointierten Anti-Hedonismus. Aristipp hingegen hält das Luststreben für natürlich und unvermeidlich. Er schließt daraus, Lust sei das einzig Wertvolle im menschlichen Leben und verbindet damit einen entschiedenen Anti-Eudämonismus: Glück meint nicht mehr als eine Verbindung zahlreicher Einzelvergnügen, ist also dem Lustbegriff systematisch unterzuordnen (DL II.87 f.).

Nach Aristipp ist uns nichts anderes unmittelbar gegeben als gegenwärtige, subjektive Empfindungen; er sieht daher eine Gefahr in der übermäßigen Orientierung an Vergangenheit, Zukunft sowie an äußeren Gütern und empfiehlt stattdessen eine Kultivierung der Genussfähigkeit. Aristipp legt aber auch Wert auf eine rationale Selbstkontrolle: Man solle Herr über die Triebe und Begierden werden. Für ihn besteht freilich die Möglichkeit, äußere Güter im Augenblick zu genießen, ohne ihnen zu verfallen und von ihnen abhängig zu werden. Aristipps aphoristisches Diktum für diesen Sachverhalt lautet: «Ich besitze sie, ich werde nicht von ihnen besessen (*echô, ouk echomai*); denn die Lüste zu beherrschen und ihnen nicht ausgeliefert zu sein, ist das Beste – und nicht die Enthaltsamkeit» (DL II. 75). Nach Aristipp sind körperliche Freuden stärker als seelische; allerdings unterscheiden sich die Lüste stets nur graduell voneinander. In einem Vergleich mit der Meeresoberfläche unterscheidet Aristipp drei seelische Zustände: den Sturm (d. h. den Schmerz), die «glatte Bewegung durch günstige Winde» (die Lust) sowie die Ruhe (die Empfindungslosigkeit). Den theoretischen Hintergrund der kyrenaischen Position bildet ein grundlegender Skeptizismus. Aristipp und die Kyrenaiker formulieren Zweifel an der Verlässlichkeit unserer Wahrnehmung: Wie bereits Protagoras weisen sie auf deren Subjektrelativität hin (wie in dem Satz

‹Dieser Wind erscheint mir als warm›). Damit stellen sie auch die intersubjektive Vergleichbarkeit von Wahrnehmungsinhalten in Frage.

Antisthenes zufolge hingegen führt die Suche nach Lust den Menschen auf den Abweg, äußere Güter erreichen zu wollen. Er rät daher dezidiert von jeglicher Kultivierung der Triebe und Leidenschaften ab; insbesondere scheint er sexuelle Lust strikt abgelehnt zu haben (vgl. DL VI. 3). Antisthenes und die Kyniker empfehlen eine autarke, bedürfnisarme, ‹naturgemäße› Lebensform. Sie praktizierten zahlreiche Übungen, um ihren Lebensstil schrittweise immer weiter zu vereinfachen. Die Kyniker favorisierten einerseits radikale Einfachheit und Armut; andererseits waren sie bekannt für ihr provokatives, schamloses Auftreten in der Öffentlichkeit, indem sie durch ihr ungepflegtes Äußeres und ihre Zurückweisung materieller Güter den Commonsense herausforderten. Mit beiden Aspekten hängt vielleicht die Bezeichnung *kynikos* (=hundeartig) zusammen (falls nicht einfach der Schulort *Kynosarges* für die Namensgebung verantwortlich war). Kynische Wanderprediger mit Bart und vernachlässigtem Äußeren prägten das öffentliche Bild des Philosophen in der Antike für Jahrhunderte. Unser moderner Ausdruck ‹Zynismus› ist von der Einstellung der antiken Kyniker jedenfalls weit entfernt. Der berühmteste Kyniker ist Diogenes von Sinope (4. Jh. v.C.). Er soll gänzlich anspruchslos in einer Tonne gelebt haben. In Diogenes findet der Kynismus mit seinen Merkmalen Bedürfnislosigkeit und Bereitschaft zum gesellschaftlichen Tabubruch seinen markantesten Vertreter. Hinzu kommt bei ihm ein bemerkenswerter Universalismus. Diogenes soll sich auf die Frage, woher er stamme, als Kosmopolit bezeichnet haben: «Ich bin ein Bürger der Welt» (DL VI. 63).

Damit zu Epikur und seiner Schule. Epikur (341–270 v. Chr.) ist einer der herausragenden Philosophen der hellenistischen Periode. Auf ihn geht eine maßgebliche antike Philosophenschule zurück, der ‹Garten› (*kêpos*). Mit seiner hedonistischen Theorie des Glücks und seinem von Demokrit inspirierten Atomismus übte er eine starke Nachwirkung auf die spätere Antike und die frühe Neuzeit aus.

Epikur stammt aus Athen; er studierte bei dem Demokriteer Nausiphanes. Von Aufenthalten in Mytilene auf Lesbos und in Lampsakos abgesehen lebte er meist in Athen. Um 306 v. Chr. gründete Epikur dort seine Schule, deren Besonderheit darin bestand, auch Frauen, Sklaven und andere gesellschaftlich unterprivilegierte Personen aufzunehmen. Von Epikurs Schriften sind uns (besonders als Zitate bei Diogenes Laertius) nur wenige kurze Texte erhalten: (1) der Brief an Herodot, (2) der Brief an Menoikeus, (3) Brieffragmente an Verwandte und Freunde, (4) Sentenzen aus dem Werk *Wichtigste Lehrsätze* (*Kyriai doxai*) sowie andere Sprüche, (5) weitere Textstücke und Testimonien (gesammelt bei Usener 1887 und Arrighetti [2]1973). Hinzu kommen noch Textfunde aus einer Villa bei Herculaneum, die im Jahr 79 n. Chr. beim Ausbruch des Vesuvs verschüttet wurde.

Grundlegend für Epikurs Position ist sein Atomismus, Naturalismus, Sensualismus und Materialismus. Epikur bestimmt das letzte Ziel (*telos*) des Menschen – wie die meisten anderen antiken Philosophen – als das Glück (*eudaimonia*). Im Unterschied zur Mehrzahl der anderen Schulen bestimmte Epikur das erstrebte *telos* seinem Inhalt jedoch nach als Lust (*Brief an Menoikeus* 128). Er ist davon überzeugt, dass das hedonistisch verstandene Glück «in unserer Macht liegt», also durch Handeln erreichbar ist. Er selbst soll für sich in Anspruch genommen haben, das Ziel erreicht zu haben. Wie bei den anderen hellenistischen Schulen spielt auch für die Epikureer die Vernunft die Schlüsselrolle beim Übergang vom unglücklichen Zustand zur *eudaimonia*. Die Vernunft korrigiert die Lebensführung durch die Aufdeckung der wahren Güter und die Verwerfung verfehlter Wünsche und führt auf diese Weise zum Glück. Weiter gibt es enge Parallelen zwischen den therapeutischen Praktiken der Epikureer und der der anderen Schulen. Die *eudaimonia* besteht nach epikureischer Auffassung in einer bestimmten vernünftigen Charakterhaltung (*diathesis*), nämlich in der vollkommenen inneren Ruhe. Epikur wählt zur Kennzeichnung dieser Ruhe den Begriff *ataraxia* (‹Unaufgeregtheit›).

Grob gesprochen stützt sich das epikureische Glücksideal auf zwei Elemente: auf die Idee einer souveränen Weltorientierung und auf die einer reflektierten Genussfähigkeit. Beides soll man durch philosophische Einsicht und durch gezielte Übung erlangen können. Der Kern seiner Position liegt in der Ansicht, dass das Glück mit der Empfindung von Lust (*hêdonê*) identisch ist. Epikur denkt freilich nicht an jede Spielart von Vergnügen; vielmehr schenkt er einer Theorie der glückserzeugenden Kultivierung allein der richtigen Lustvariante seine Aufmerksamkeit. Um sein Glücksverständnis plausibel zu machen, muss man sich Epikurs Abwehr falscher Formen von Besorgnis verdeutlichen. Er hält besonders vier Typen von Sorgen wegen ihrer weitreichenden Konsequenzen für lustmindernd: (a) die Furcht vor Erscheinungen am Himmel (moderner ausgedrückt: die Furcht vor beunruhigenden Naturphänomenen), (b) die Angst vor dem Tod, (c) die Furcht vor einer Unstillbarkeit und Rastlosigkeit der eigenen Begierden und (d) die Furcht vor maßlos großen Schmerzen. Er entwickelt zu ihrer Therapie eine Art von wissenschaftlicher Disziplin, die abschließende und verlässliche Erkenntnisse über die Stellung des Menschen in der Welt vermitteln soll; er bezeichnet sie als ‹Kanonik›. Diese wendet sich in aufklärerischer Absicht gegen das, was Epikur als ‹Mythologie› bezeichnet, zudem gegen eine verfehlte Form von Physiologie (Naturlehre).

(a) Epikurs Interpretation von Himmelserscheinungen und seine Deutung anderer Naturphänomene antizipieren zwar inhaltlich kaum die modernen Naturwissenschaften, weisen aber eine vergleichbare sachliche Nüchternheit auf. Himmelserscheinungen kündigen beispielsweise keine göttlichen Strafen an. Für Epikur ist die Zurückweisung abergläubischer Weltbilder so wichtig, dass er den Sinn seiner eigenen Physiologie allein darin sieht, sich um seines Glückes willen nicht weiter irritieren zu lassen (*Kyriai doxai* 11). Epikur lehnt zudem die Vorstellung, es gebe für jeden ein festgelegtes Schicksal, vehement ab. Der Weltlauf ist nicht göttlich determiniert. Glück lässt sich folglich nicht auf dem Weg einer Anpassung des Menschen an die kosmische Vernunft und Ordnung erreichen, sondern einzig dadurch, dass der Mensch sein Leben selbst gestaltet. Abgelehnt wird auch die Vorstellung, die Götter teilten den Menschen

Glück oder Unglück zu (*Kyriai doxai* 1). Epikurs Göttervorstellung wirkt beinahe rationalistisch konstruiert; die Götter sind weder für die Welteinrichtung noch für den Weltlauf verantwortlich, und sie kümmern sich nicht um menschliche Angelegenheiten. Götter gelten bei Epikur als unsterbliche Wesen von unbeirrbarer Heiterkeit und teilnahmsloser Gelassenheit.

(b) Epikur will alle beängstigenden Todesvorstellungen zurückweisen, und zwar in der Absicht, ihre irritierende und glücksmindernde Wirkung aufzuheben. Unsere Todesfurcht ruft nach Epikur ein unbegrenztes Vorteils- und Sicherheitsstreben in uns hervor. Sie führt zu falschen Gütervorstellungen und damit zu einer Verfehlung des Glücks. Epikur liegt daher viel daran, die Seele als feinstoffliche Größe zu erweisen, die beim Tod zusammen mit dem Körper zugrunde geht. Folgerichtig könne uns der Tod vollkommen gleichgültig sein; denn er werde von uns nicht empfunden – weder als Gut noch als Übel. Der wichtigste Textauszug lautet (*Brief an Menoikeus* 124 f.).:

> Gewöhne dich daran zu meinen, dass uns der Tod nichts angeht. Denn jedes Gut und Übel liegt in der Wahrnehmung, der Tod aber bedeutet den Verlust der Wahrnehmung [...]. Daher redet unsinnig, wer sagt, er fürchte den Tod nicht deshalb, weil er schmerzen werde, wenn er da sei, sondern weil er schmerze, wenn er bevorstehe. Denn was nicht weh tut, wenn es da ist, das schmerzt in der Erwartung grundlos. Das schaurigste der Übel also, der Tod, geht uns nichts an, denn solange wir sind, ist der Tod nicht da, wenn aber der Tod da ist, dann sind wir nicht mehr. Er geht also weder die Lebenden an noch die Toten, denn bei den einen ist er nicht, und die anderen sind nicht mehr.

(c) Entgegen einer langen Tradition der Fehldeutung handelt es sich bei Epikur keineswegs um einen grobschlächtigen Hedonisten. Auch Epikur glaubt vielmehr, dass grenzenlos wachsende Begierden (die platonische *pleonexia*) mit dem Begriff eines seelischen Gleichgewichts oder inneren Friedens unvereinbar sind. Epikur setzt daher seine Vorstellung von Genuss oder Lust von einem Lustbegriff der Begehrlichkeit ab, um so am Ideal der *ataraxia* festhalten zu können. Er tut dies, indem er behauptet, es gebe ein wohlbestimmtes Höchstmaß an Lust, nämlich die vollkommene Unlustfreiheit (*aponia*); sie ist ein maximaler Erfüllungszustand (*plêrôma*). Epikur meint, Lust bestehe nicht im *Prozess* der Reduzierung von Unlust, sondern in dessen *Resultat*. Die wirkliche Lust werde erst im Zustand *nach* dem Verschwinden von Unlust erreicht; Epikur bevorzugt die ‹katastematische›, die gleichförmig-ruhige, gegenüber der ‹kinetischen›, d.h. der veränderlichen Lust. Wenn eine bestimmte Lust das Maximum an Lustmöglichkeit darstellt, wäre es unvernünftig, ein höheres Maß an Annehmlichkeit erreichen zu wollen. Eben dieses Missverständnis, so Epikur, ist die Ursache maßloser Begierden.

(d) Epikur betrachtet die Lust als höchstes Gut und den Schmerz als größtes Übel (fin. I 29). Jedes abgeleitete Gut geht folglich darauf zurück, dass es zur Lust beiträgt. Und ebenso lässt sich jedes abgeleitete Übel auf Schmerz zurückführen. So gesehen müsste es aus epikureischer Sicht angebracht sein, sich vor großen Schmerzen, etwa vor Krankheit oder Folter, zu fürchten. Doch will auch Epikur daran festhalten, dass die menschliche Glücksfähigkeit in (nahezu) allen Situationen bestehen bleibt. Anders als die Stoiker kann Epikur aber nicht behaupten, das Glück sei für den Weisen deshalb konstant, weil es immer von dessen Entscheidung abhänge, tugendhaft zu sein. Vielmehr kann er nicht bestreiten, dass auch der Weise von unverfügbaren Wirkungen der Außenwelt betroffen ist. Epikur ist daher gezwungen, zwischen göttlichem und menschlichem Glück zu differenzieren: Während die Götter permanent das vollkommene Glück der Schmerzfreiheit genießen, soll es für den Begriff eines menschlichen Glücks ausreichen, dass die Lust ständig die Unlust überwiegt. Mehr lässt sich in einem menschlichen Leben nach Epikur nicht erreichen; das freilich soll genügen. In der Tat handelt es sich auch hierbei noch um eine anspruchsvolle Forderung: Es geht für Epikur nicht nur darum, im gesamten Leben eine positive Lustbilanz zu erreichen; er zielt zudem auf den Nachweis, man könne in jedem Augenblick mehr Lust als Unlust empfinden. Epikur will die Vorstellung, man müsse unter Umständen maßlos große Schmerzen erleiden, ins Reich der irrigen Überzeugungen verweisen. Das führt zu der berühmten Feststellung, entweder dauere der Schmerz nur kurze Zeit oder er sei gering.

Damit zu den Stoikern. Die Gründung der Schule reicht bis auf etwa 300 v. Chr. zurück, ihre Aktivität dauert bis etwa 200 n. Chr.; wir haben es also mit einer 500jährigen Schultradition zu tun. Die Bezeichnung Stoa (= Wandelhalle) leitet sich vom ersten Versammlungsort der Schule her, der *stoa poikilê* in Athen. Man unterscheidet die ältere Stoa mit den Hauptvertretern Zenon von Kition, Kleanthes und Chrysipp, die mittlere Stoa des Panaitios sowie des Poseidonios und die jüngere oder römische Stoa, repräsentiert durch Seneca, Epiktet und Marc Aurel. Von den älteren Stoikern besitzen wir keine zusammenhängenden Schriften. Wir verfügen lediglich über Fragmente und doxographische Referate, die besonders in drei Ausgaben verfügbar sind: der von Hans von Arnim (1903 ff.), der von A. Long und D. Sedley (1987) und der von K. H. Hülser (1987).

Die Stoiker waren wohl die ersten Philosophen, die ihre Philosophie zum ‹System› ausbauten, d. h. genau auf die Konsistenz ihrer Äußerungen zu unterschiedlichen Themen achteten. Sie unterteilten die Philosophie in die drei Teilgebiete Logik, Ethik und Physik. Nach stoischer Deutung gleicht dabei die Logik den Knochen und Sehnen eines menschlichen Körpers, die Ethik dem Fleisch und die Physik der Seele, was der Naturphilosophie den Rang des innersten Wissens zugesteht (LS 26B) – und dies, obwohl zweifellos auch für die Stoa das ethische Lebenskunstparadigma maßgeblich war. Das Thema ‹Logik› schließt neben formaler Logik (besonders im Sinn der Aussagenlogik, welche den originellen stoischen Beitrag zur Logikgeschichte bildet) auch Sprachphilosophie und Erkenntnistheorie ein.

Die Stoiker waren in ihrer Ontologie und Naturphilosophie Materialisten. Man muss sich dies vor Augen halten, um ihre pointiert rationalistische Position richtig einzuordnen: Bei ihrem Rationalismus handelt sich gerade *nicht* um eine spiritualistische Weltsicht. Zwar übte Platons *Timaios* einen wichtigen Einfluss aus, aber die Stoiker lehnten dessen Zwei-Welten-Konzeption strikt ab. Für die Stoiker existiert ausschließlich das, was aktiv auf Anderes einwirken kann und was seinerseits eine aktive Wirkung zu empfangen vermag: also physische Körper. Auch die Seele und die Götter sind mithin physisch. Doch ergab sich für die Stoiker die Schwierigkeit, in welcher Weise man sagen kann, dass es auch Unkörperliches gibt; unkörperlich sind sprachliche Bedeutungen (*lekta*), Zeit und Raum. Die Stoiker lösten das Problem, indem sie neben der Existenz (*einai*) die ontologische Kategorie der ‹Subsistenz› (*hypostasis*) ansetzten. Wenn etwas *subsistiert*, gibt es dies, ohne dass es im vollen Sinn *existieren* würde.

Die Stoiker sind Sensualisten: Wie aber ergibt sich Wissen aus Sinneswahrnehmung? Der Zentralbegriff der stoischen Epistemologie ist ‹erfassende Vorstellung› (*phantasia katalêptikê*). Er dient in der Diskussion mit den akademischen Skeptikern dazu, ein ‹Kriterium der Wahrheit› (*kritêrion tês alêtheias*) anzugeben. Die Stoiker meinen, dass alle Situationen, in denen wir etwas mit einer *phantasia katalêptikê* wahrnehmen, als Fälle echten, ja sogar irrtumsfreien Wissens gelten können. Nach Zenon von Kition gelangt man dadurch über bloße Meinung (*doxa*) hinaus zu wirklicher Erkenntnis, dass man ausschließlich derjenigen *phantasia* seine Zustimmung (*synkatathesis*) erteilt, die durch einen adäquaten Sinneseindruck zustande kommt. Die Pointe ist hier, dass nach Zenon zum passiven Moment des Wahrnehmungsvorgangs, der Übermittlung eines Sinneseindrucks, eine aktive Eigenleistung des leitenden, geistigen Vermögens des Menschen (*hêgemonikon*) hinzutritt. Erreicht man Wissen, so stimmt das Individuum mit der ‹richtigen Vernunft› (*orthos logos*) des Kosmos überein; auf das Erlangen dieser vernunftgeleiteten Übereinstimmung richtet sich folglich die ethische Hauptforderung Zenons (*homologoumenôs zên* – in Übereinstimmung leben). Chrysipp erweitert diese Formel um einen normativen Naturbegriff zu der klassischen Variante *homologoumenôs tê physei zên*.

Für die Stoa ist insgesamt die These von der Einheit theoretischer und praktischer Vernunft kennzeichnend: Eine vollentwickelte menschliche Vernunft bedeutet zugleich einen vollständigen Tugendbesitz. Die Basis der nicht-dualistischen Konzeption vernünftiger Übereinstimmung liegt in Zenons Lehre, es gebe ein zugleich geistiges und materielles Prinzip, nämlich feinstoffliches Feuer oder Wärme (*pneuma*), das auch als ‹keimhafte Vernunft› (*spermatikos logos*), als Schicksal (*heimarmenê*), Gott, Vorsehung (*pronoia*) oder Vernunft bezeichnet wird; dieses prägt und gestaltet ein passives materielles Prinzip. Zenon vertritt ferner eine (achtteilige) Seelenteilungslehre mit dem Vernunftvermögen als leitender Instanz; gemeint ist jedoch kein Konfliktmodell rivalisierender rationaler und irrationaler Kräfte, sondern eine bloß funktionale Differenzierung. Die intellektualistische Tendenz, die in der Betonung der Einheit der Seelenvermögen zum Ausdruck kommt, wird von Chrysipp weiter verstärkt; dieser bestreitet jeglichen Dualismus von Wahrnehmung und Vernunft. Chrysipp erreicht eine enge Verbindung von Einzelseele und Kosmos, indem er Zenons *pneuma*, das dieser lediglich mit Feuer und Wärme in Zusammenhang brachte, im gesamten Kosmos in unterschiedlichen Intensitäten (*tonoi*) anwesend sein lässt; kein Teil der Materie ist ohne *pneuma*; hierbei handelt es sich um die sogenannte *krasis di'holôn*-Konzeption. Die Seele durchdringt als *pneuma* den menschlichen Körper und ‹verdichtet› sich im Herzbereich zum *hêgemonikon*. Der menschliche Intellekt wird somit als besonders dichte Form des *pneuma* gedeutet.

Für die Glückskonzeption der Stoiker sind wiederum die pointierten sokratischen Ansichten maßgeblich. Zunächst soll die Tugend dazu ausreichen, das Glück zu erzeugen; weitere Güter sind dazu nicht erforderlich (Suffizienzthese: SVF III.30). Sodann vertreten die Stoiker die Auffassung, dass Tugend und *eudaimonia* identisch sind; zwischen ihnen besteht lediglich eine begriffliche, keine sachliche Differenz (Identitätsthese: SVF III.39). Und schließlich nehmen die Stoiker die aristotelische Differenzierung ethischer und intellektueller Tugenden wieder zurück: Unter der ethischen Tugend ist nichts anderes als ‹vollendete Vernunft› zu verstehen (Vernunftthese: SVF III.198). Äußere Güter sollen für das Glück keinerlei Rolle spielen, ebenso wenig Schmerzfreiheit, Gesundheit, Lust oder angenehme Gefühlszustände. Ein solches Glücksideal wirkt reichlich unrealistisch und nahezu unmenschlich. Schon Cicero lässt einen Gegner der Stoiker mit der Bemerkung auftreten, dass deren Bestimmung des höchsten Gutes nicht einmal für ein reines Geistwesen geeignet sei (fin. IV.27).

Dennoch sollte man die stoische Glückskonzeption nicht einfach aus unserer gewöhnlichen Alltagsperspektive zurückweisen. Die Stoiker entwickeln ihre Auffassung vom Glück vor dem Hintergrund einer komplexen und reflektierten Theorie. Ebenso wie die platonische und die aristotelische Konzeption basiert das stoische Glücksverständnis auf einem Strebensmodell. Danach ist die *eudaimonia* das höchste menschliche Handlungsziel (*telos*), nämlich das, was um keiner anderen Sache willen erstrebt wird, während alles andere um seinetwillen gewählt wird (SVF III.2). Die ethische Tugend ist für die Stoiker eben dieses höchste und zudem das einzige Gut (SVF I.190). Zwar müssen sie folgerichtig behaupten, es gebe nichts, das geeignet wäre, dieses einzige Gut zu erweitern oder zu verbessern. Genau genommen bestreiten sie aber nicht, dass bestimmte äußere sowie körperliche Vorzüge existieren; sie sagen nur, solche Vorzüge vergrößerten das höchste Gut nicht. Es gibt Vorziehenswertes; nur verblasst es im Vergleich zur Tugend. Konsequenterweise sind die Stoiker der Auffassung, dass dem, der die Tugend besitzt, alles andere Wünschenswerte fehlen könnte, ohne dass er eine Einbuße erleidet. Der Tugendhafte ist auch auf der Folterbank glücklich. Denn für die Stoiker handelt es sich bei solchen Faktoren wie Gesundheit, Körperkraft und Schönheit (körperliche Güter) oder Reichtum, Macht und Ansehen (äußere Güter) nicht um wirkliche Güter. Sie ordnen solche Größen, denen man gewöhnlich Wert zuschreibt, vielmehr in die Kategorie des Indifferenten oder Gleichgültigen (*adiaphora*) ein und gestehen ihnen lediglich zu, gegenüber Krankheit, Hässlichkeit, Armut und Abhängigkeit etwas ‹Vorziehenswertes› (*proêgmenon*) zu sein.

Eine wichtige ethische Theorie der Stoiker wird mit dem Begriff der ‹Zueignung› (*oikeiôsis*) verbunden. Es handelt sich um eine biologische, psychologische und moralphilosophische Konzeption, nach der die Tendenz zur Selbsterhaltung den primären natürlichen Impuls jedes Lebewesens bildet. Speziell beim Menschen schließt sich als zweite Stufe eine rationale

Selbstaffirmation sowie eine vernünftige Akzeptanz aller anderen Menschen an. Der Ausdruck *oikeiôsis* ist eine Ableitung aus *oikeios* (eigen) und *oikeioun* (sich aneignen). Wörtlich bezeichnet er den Umstand, dass sich ein Lebewesen mit sich selbst prozessförmig bekannt macht und sich selbst in Besitz nimmt. Die *oikeiôsis*-Konzeption scheint (trotz aristotelischer Wurzeln) eine theoretische Innovation der älteren Stoa, besonders des Chrysipp, darzustellen.

Die moralphilosophische Pointe der *oikeiôsis*-Konzeption besteht darin, dass die zur Rationalität gelangte Person ihre praktische Autonomie als zentralen Gegenstand des Interesses entdeckt. Solange diese nur im Dienst der körperlichen Selbsterhaltung stand, galt sie lediglich als instrumentelles Gut, während nunmehr deutlich wird, dass das Prinzip ihres angemessenen und unangemessenen Gebrauchs in ihr selbst liegen muss und dass sie selbst das Ziel der Selbsterhaltung darstellt. Es handelt sich bei ihr deswegen um ein intrinsisches Gut. Auf diese Weise kommt es zu einer Selbstbejahung zweiter Stufe; sie richtet sich auf jemandes praktische Autonomie, nicht auf seine körperliche Fortdauer. Die Vernunft übernimmt die Funktion eines dem Trieb übergeordneten Sachverständigen (*technitês*: SVF III.178). Der Betreffende erreicht damit den Status des Weisen; das Glück des Weisen besteht in der von ihm erreichten Kongruenz mit seiner natürlichen Ausstattung und der Welteinrichtung.

Die stoische *oikeiôsis*-Konzeption ist aber keineswegs ausschließlich individualistisch zu verstehen. Vielmehr nehmen die Stoiker für Menschen einen naturalen Sozialimpuls (*instinctus socialis*) an, der sie in gestuften Sympathiegraden zuerst mit ihrer Nachkommenschaft, dann mit ihren Verwandten, Freunden, Mitbürgern und ihrer ethnischen Gruppe sowie schließlich mit der gesamten Menschheit verbinden soll (Kosmopolitismus: LS 57F–G). Kommt es im Lauf der biographischen Entwicklung zur Entdeckung der Vernunft, dann, so die älteren Stoiker, erweise sich diese Stufung von Sympathiegraden für die Mitmenschen als verfehlt. Während also das unvernünftige oder noch unzureichend vernünftige Lebewesen soziale Beziehungen um seiner Selbsterhaltung willen betreibt – man könnte hier von einem ich-bezogenen Altruismus sprechen – erfasst der vollständig vernünftige Mensch, dass jedermanns Selbsterhaltung aus Vernunftgründen zu bejahen ist. Daher wird der stoische Weise zum Kosmopoliten, der der Menschheit als Gemeinschaft aller Vernunftwesen einen Selbstzweckcharakter zuerkennt. Er privilegiert nicht länger bestimmte Sozialbeziehungen aus Gründen der Selbsterhaltung, sondern pflegt Freundschaften allein um ihrer selbst willen und wendet sich allen Menschen mit gleicher Anteilnahme zu.

In der hellenistischen Philosophie muss man zwischen zwei verschiedenen skeptischen Schulen unterscheiden: den Pyrrhoneern und den Akademikern. Frühe Hauptvertreter der ersten Schule sind Pyrrhon von Elis (365/60–275/70 v. Chr.) und Timon von Phleius (ca. 320–230 v. Chr.). Die Protagonisten der zweiten Schule waren Arkesilaos (etwa 315–240 v. Chr.) und Karneades (ungefähr 214–129 v. Chr.). Im ersten Jahrhundert erlebte der Pyrrhonismus eine Wiedergeburt durch Ainesidemos; der Hauptvertreter dieser Spätphase ist Sextus Empiricus (der gegen Ende des 2. Jhs. n. Chr. in Rom lebte).

Anders als in der Neuzeit geht es antiken Skeptikern generell nicht nur darum, die Erreichbarkeit sicheren Wissens zu bestreiten, sondern viel grundsätzlicher um einen Verzicht auf jedes Für-wahr-Halten. Zumindest für die pyrrhonische Position kennzeichnend ist der radikale Angriff auf alle ‹Meinungen› (*dogmata*) mit dem Ziel, das Prinzip grundsätzlicher Urteilsenthaltung durchzusetzen – gleichgültig, ob es sich um Wissensansprüche aus der Philosophie, um individuelle wahrnehmungsbasierte Urteile oder um kollektive Alltagsüberzeugungen handelt. Die akademische Skepsis dagegen vertritt eine weniger strikte Erkenntniskritik; sie hält ein objektives Wahrheitskriterium für unerweisbar, akzeptiert aber andererseits Grade von Glaubwürdigkeit oder Wahrscheinlichkeit. Lebenspraktisch gesehen ist damit der akademische Gewissheitszweifel viel weniger einschneidend als der pyrrhonische. Wie radikal diese war und wie sie etwa von Pyrrhon von Elis praktiziert wurde, darüber berichtet uns Diogenes Laertius:

> Entsprechend seiner Lehre lebte er, blieb sich stets treu und unerschrocken, nahm alles, was ihm in die Quere kam, gleichgültig hin, waren es nun Wagen oder Steilhänge oder Hunde usw., denn auf die Wahrnehmungen gab er gar nichts. Vor Unglück bewahrt wurde er dabei allerdings von seinen anwesenden Schülern [...]. Er wurde 90 Jahre alt.

Die pyrrhonische Methode des Zweifels besteht darin, generell das implizite Behauptungsmoment von Aussagen oder Urteilen zu vermeiden: Sie üben Urteilsenthaltung (*epochê*). Die Pyrrhoneer plausibilisieren die Notwendigkeit einer solchen Enthaltung gerne so, dass sie die Absurdität gegnerischer Meinungen oder das argumentative Gleichgewicht (*isostheneia*) zwischen ihnen und ihren kontradiktorischen Gegenpositionen vorführen. Auch die Skeptiker sind Eudämonisten. Die *eudaimonia* ergibt sich nach ihrer Auffassung, wenn jemand auf der Basis einer skeptischen Urteilsenthaltung vorurteilsfrei wird, nämlich wenn man ihn «von der Einbildung und Voreiligkeit der Dogmatiker durch Argumentation heilt» (PH III.280 f.). Zwar sind die Skeptiker zurückhaltender, was die Erreichbarkeit und Verfügbarkeit des Glücks angeht; aber in der Überzeugung vom therapeutischen Charakter der Philosophie stimmen sie mit den anderen hellenistischen Schulen durchaus überein. Die besondere Pointe der Skeptiker liegt in der These, das Glück werde nicht nur durch falsche Überzeugungen behindert, sondern durch den Besitz von Überzeugungen generell.

5. Philosophie in Rom: Übersetzungsleistungen

Das Römische Reich stieg dadurch, dass es die mächtige nordafrikanische Stadt Karthago in den Punischen Kriegen besiegte (drittes und zweites Jh. v. Chr.), zur führenden Hegemonialmacht des Mittelmeers auf. Nachdem sich Roms Expansionspolitik zunächst auf den westlichen Mittelmeerraum konzentriert hatte, eroberte es im zweiten und im ersten Jahrhundert v. Chr. auch weite Teile des östlichen Mittelmeergebiets, also die hellenistischen Nachfolgerstaaten des Alexander-Reichs. Mit der Okkupation Ägyptens im Jahr 30 v. Chr. gehörte praktisch die ganze hellenisierte Welt zu Rom. Während sich aber die militärischen Mittel Roms stets als überlegen erwiesen, verfügte die griechisch-sprachige Zivilisation des Ostens über die entwickelteren kulturellen Standards. Für Rom wurden in der Folgezeit die griechischen Kulturleistungen auf den Gebieten der Rhetorik, der Poesie, der Geschichtsschreibung, des Theaters, der Plastik und des Tempelbaus zu Vorbildern. Das gilt auch für die Philosophie, für die es in Rom bis dahin keinerlei Entsprechung gegeben hatte.

Im Römischen Reich wurde nun einerseits weiterhin Philosophie in griechischer Sprache betrieben, und zwar als direkte Fortführung der hellenistischen Schulen. Man kann sicherlich sagen, dass innerhalb dieser Debatte die eigentlichen philosophischen Leistungen der Periode erbracht wurden. Andererseits gibt es aber einige bemerkenswerte Autoren, die erstmals in lateinischer Sprache philosophierten. Ihre Errungenschaft besteht darin, dass es ihnen gelang, eine geeignete philosophische Fachsprache zu entwickeln, um die komplexen Gehalte der Philosophie für ein Latein-lesendes Publikum zu erschließen. Während uns von den zeitgenössischen Griechisch-schreibenden Philosophen, die hauptsächlich Peripatetiker, Stoiker und Mittelplatoniker waren, wenig erhalten ist, besitzen wir umfangreiche Werke der großen lateinischen Autoren der späten römischen Republik und der frühen Kaiserzeit: nämlich von Lukrez, von Cicero und von Seneca.

Aber zunächst zur ersten Autorengruppe: den griechisch-sprachigen Autoren, die die hellenistische Philosophie fortsetzten. Wie gesagt, sie sind leider äußerst schlecht überliefert. Zu erwähnen sind hier einerseits die Platoniker und andererseits die Aristoteliker.

Platoniker: Vielleicht der wichtigste Punkt, den man mit Blick auf den späthellenistischen und nach-hellenistischen Platonismus erwähnen muss, besteht in der Rückkehr der platonisch-akademischen Schule zum Dogmatismus. Die entscheidende Figur hierfür ist Antiochos von Askalon (ca. 130–68 v. Chr.). Nachdem er in seiner Frühphase selbst Skeptiker gewesen war, beantwortete er die Frage nach dem *kritêrion tês alêtheias* später positiv und glaubte, dass Wissen möglich sei. Noch wichtiger ist, dass er die Auffassung vertrat, Platon sei ein metaphysischer Dogmatiker gewesen. Damit stieß Antiochos das zeitgenössische Platon-Bild um und öffnete ein neues Kapitel in der Geschichte der platonischen Akademie. Von diesem Zeitpunkt waren die Platoniker Metaphysiker, die eine Prinzipientheorie sowie die Ideenlehre mit Platons Auffassungen von der Seele verbanden und daraus eine affirmative Position machten.

Zu dieser Autorengruppe gehören so bedeutende Namen wie Philon von Alexandrien (15 v. Chr.-50 n. Chr.), Plutarch (vor 50–nach 120 n. Chr.), Gaios (Anfang des 2. Jh. n. Chr.), Apuleius von Madaura (geb. um 125 n. Chr.), Numenios (2. Jh. n. Chr.) und Alkinoos (2. Jh. n. Chr.). Man bezeichnet sie insgesamt als ‹Mittelplatoniker›. Der Mittelplatonismus ist eine metaphysische Schulrichtung, in der insbesondere Platons *Timaios* eine intensive Lektüre und Interpretation erfuhr. Den Mittelplatonikern zufolge stellt der platonische Demiurg keine bloße literarische Illustration dar, sondern repräsentiert eine selbständige geistige Entität, die oberhalb der wahrnehmbaren Welt zu situieren ist. Zum anderen spielt im Mittelplatonismus die Überzeugung eine wichtige Rolle, Platon habe seine berühmten Ideen (*eidê*, *ideai*) als die Inhalte dieses demiurgischen Intellekts (*nous*) verstehen wollen. Nimmt man beide Vorstellungen zusammen, so gelangt man dazu, die Ideen als *nous*-immanente Denkobjekte zu interpretieren. Die Ideen bilden mithin die ewigen Paradigmen innerhalb des göttlichen Intellekts, an denen dieser sich orientiert, wenn er die wahrnehmbare Welt gestaltet.

Erwähnenswert sind noch einige weitere Details der mittelplatonischen Theoriegeschichte. So ist es etwa bemerkenswert, dass bereits Alkinoos den göttlichen Intellekt dadurch charakterisiert sein lässt, dass er sich selbst und seine immanenten Gedanken permanent denkt. Zudem finden wir schon bei Numenios eine Konzeption, in der – ebenso wie später im Neuplatonismus bei Plotin – die *nous*-Metaphysik mit einer Drei-Prinzipien-Lehre verknüpft ist. Anders als Plotin beschreibt Numenios aber alle drei Prinzipien als Formen des Intellekts: Danach ist der ‹erste Gott› einfach, unteilbar und ruhend; der ‹zweite› und der ‹dritte Gott› bilden eine Einheit: den Demiurgen, welcher bewegt sein soll, die Materie gestaltet und dabei selbst geteilt wird (Frg. 11;12;16;19 des Places). Der erste *nous* richtet sich auf das Intelligible, der demiurgische (also der zweite und dritte) Intellekt sowohl auf die Ideen als auch auf das Sinnliche (Frg. 15 des Places). Der erste Gott gilt als Entität, die für das gewöhnliche Bewusstsein unerkennbar ist und die kein Gegenstand adäquaten Sprechens sein kann – ein Motiv, das Plotin schließlich zuspitzt und auf das erste Prinzip überträgt, das bei ihm jedoch nicht selbst Intellekt ist, sondern den Intellekt transzendiert.

Ein wichtiger Platoniker, der nicht ins Schema des Mittelplatonismus passt, ist der Arzt und Philosoph Galen (129–nach 210 n. Chr.). Als Mediziner ist er primär dafür bekannt, die Lehre von den Körpersäften, die Hippokrates aufgebracht hatte, zu einer Theorie der vier menschlichen Temperamente weiterentwickelt zu haben (sanguinisch, melancholisch, cholerisch und phlegmatisch). Als Philosoph liefert er uns besonders wichtige Referate über die Schulkontroversen der Platoniker,

Peripatetiker, Stoiker und Epikureer; besonders wertvoll sind seine Berichte und Stellungnahmen zu den Themen Affekte, Willensschwäche und Leib-Seele-Korrelation.

Aristoteliker: Nach Aristoteles' Tod (322 v. Chr.) nahm seine Schule eine weniger kontinuierliche Fortentwicklung als die platonische Akademie. Ein zentraler Grund dafür ist, dass der Zugang zu den aristotelischen Schriften in der hellenistischen Zeit stark erschwert oder sogar unmöglich war. Erst deren Wiederentdeckung im ersten Jahrhundert v. Chr. und die Aristoteles-Edition durch Andronikos von Rhodos eröffnete einen Zugang zu jenem Corpus, das wir heute als die Werke des Aristoteles ansehen, d. h. zu den esoterischen Pragmatien. (Bis heute fast komplett verloren sind dagegen die exoterischen Schriften, Aristoteles' Dialoge.) Bald nach der Wiederentdeckung setzte eine intensive Kommentierung und Diskussion ein; es kommt zu einer Neugeburt des ‹Peripatos›, wie die Schule des Aristoteles auch heißt (nach einer Wandelhalle, in der der Unterricht stattfand).

Ein wichtiger Kenner des Peripatos, auch wenn er wohl selbst kein Aristoteliker war, ist der um die Zeitenwende lebende Areios Didymos; man darf ihn nicht mit jenem Areios identifizieren, der als Hofphilosoph bei Kaiser Augustus wirkte. Areios Didymos schrieb eine umfangreiche Analyse der peripatetischen und stoischen Ethik, die uns bei Stobaios erhalten ist (II.7); sie war wohl Bestandteil einer umfassenden Philosophiegeschichte. Bemerkenswert ist, dass er den Peripatetikern eine eigenständige Version der *oikeiôsis*-Theorie zuschreibt, also jener Aneignungskonzeption, die wir sonst für stoisch halten würden. In der peripatetischen Theorie-Variante spielt die Affinität, die ein moralisches Subjekt zu anderen Menschen unterhält, die Rolle einer abgestuften Ordnung, die von den Allernächsten (Kindern und Eltern) bis hin zur Menschheit insgesamt reicht.

Die dichten und schwierigen Schriften des Aristoteles wurden etwa ab dem zweiten Jahrhundert n. Chr. Gegenstand intensiver Kommentierung. Bedeutende frühe Vertreter dieser Kommentierungsarbeit waren Adrastos von Aphrodisias, Sosigenes oder

Aristokles von Messene. Als wichtigster antiker Kommentator des Aristoteles kann aber Alexander von Aphrodisias gelten (um 200 n. Chr.), der zudem ein eigenständiger systematisch interessierter Peripatetiker war. Er erhielt um das Jahr 200 einen Lehrstuhl für peripatetische Philosophie in Athen. Alexander kommentierte einige der wichtigsten aristotelischen Schriften, darunter die *Analytika priora* und *posteriora*, die *Metaphysik* (A–D), die *Physik*, die *Topik* und *De anima*. Zu den Leistungen Alexanders gehört, dass er Aristoteles' Hylemorphismus aus *De anima* wiederaufgegriffen und verteidigt hat. Erstmals stellt er eine enge Verbindung zwischen dem aktiven Intellekt aus *De anima* III.5 und dem sich selbst denkenden Gott aus *Metaphysik* Lambda 7 und 9 her. In seiner selbständigen Schrift *De fato* verteidigt er einen aristotelischen Libertarismus gegen einen (stoischen) Determinismus.

Kommen wir damit zur Autorengruppe der Lateinisch schreibenden römischen Philosophen: zu Lukrez, Cicero und Seneca. Gleich der erste von ihnen ist eine bedeutende Figur: Titus Lucretius Carus (ca. 96–52 v. Chr.). Über ihn ist nichts Biographisches bekannt; aber wir besitzen ein umfangreiches, in Hexametern verfasstes Lehrgedicht mit dem Titel *De rerum natura* (*Die Natur der Dinge*). Das Gedicht gibt die Lehre des Epikur wieder; es ist eines der wichtigsten Zeugnisse für den antiken Epikureismus überhaupt. Von den sechs Büchern sind die beiden ersten den Grundprinzipien der Physik gewidmet. Hier wird eine Atomtheorie in der Traditionslinie Demokrits und Epikurs entwickelt. Die Welt setzt sich danach aus zwei grundlegenden Größen zusammen: den Atomen und dem leeren Raum. Atome sind unteilbare, unzerstörbare Elementarteilchen; sie bewegen sich ewig. Wenn Atome dann zufällig zusammentreffen, bilden sie mehr oder minder lange ‹Moleküle›. Die Dinge unserer Erfahrungswelt sollen als derartige Atomkonfigurationen entstehen; da die Atome dabei bloß äußerlich aneinander angelagert werden, enthalten die Dinge unserer Welt gewissermaßen auch leeren Raum, weshalb sie anders als die Atome teilbar sind. Am Ende ihres Bestehens lösen sie sich wiederum in die Atome auf, aus denen sie sich gebildet haben.

Alle Atome bewegen sich ewig, und zwar in eine einzige Richtung: Sie fallen senkrecht nach unten, und zwar mit derselben Geschwindigkeit. Damit es nun überhaupt zum Zusammenprall der Atome kommen kann, muss Lukrez wie bereits Epikur annehmen, dass bisweilen eine spontane Seitenabweichung auftritt. Diese Abweichung (*clinamen*, griech. *parenklisis*) soll ganz minimal sein; sie geschieht unverursacht und unregelmäßig, verhält sich also vollkommen kontingent. Anders als spätere materialistisch-naturalistische Philosophien verbindet sich der Epikureismus mithin nicht mit einem Determinismus. Im Gegenteil, das *clinamen* bringt gezielt ein indeterministisches Moment ins Spiel. Interessanterweise verknüpft Lukrez mit ihm auch seine Theorie der Willensfreiheit. In *De rerum natura* II. 216–293 erfahren wir, dass der menschlichen Wille frei ist; ausdrücklich wird gesagt, dass die Lehre vom *clinamen* verhindert, annehmen zu müssen, es gebe eine lückenlose, jedes Ereignis determinierende Ursachenkette. Um die Idee eines allmächtigen Schicksals zu vermeiden, verteidigt Lukrez also die Auffassung, der freie Wille, mit dem wir z. B. die Bewegungsrichtung unseres Körpers bestimmen können, stütze sich auf die Spontaneität des *clinamen*. Nur so könne sichergestellt werden, dass der menschliche Geist nicht einem naturalen Zwang unterliege.

In Buch III entfaltet Lukrez seine materialistische Theorie der Seele. Die Seele ist für ihn nichts Unkörperliches und kann folglich auch nicht unabhängig vom Körper weiterexistieren. Er schließt daran eine sensualistische Theorie der Wahrnehmung an; Sinneswahrnehmung vollzieht sich durch atomare Abbildungen (*simulacra*), die von den Gegenständen ausströmen und die Sinnesorgane affizieren (Buch III-IV). Am Ende von Buch IV findet sich auch Lukrez' berühmte Verwerfung der Liebe, welche er als schmerzlich und wahnsinnig charakterisiert (1040–1287). Buch V enthält zum einen kosmologische und religionsphilosophische Überlegungen und zum anderen einen Mythos von der Kulturentstehung, der u. a. auch eine interessante Sprachphilosophie impliziert (1028–90). Dabei ist es Lukrez' durchgehendes Anliegen, die Vorsehung oder das Eingreifen der Götter als absurde Ideen zu entlarven und damit jeden Religionswahn und jede Götterfurcht, die sich als Hindernisse einer glücklichen menschlichen Lebensführung auswirken könnten, auszuschließen. Dies Motiv bleibt auch in Buch VI erhalten, wo es Lukrez darum geht, bei der Erklärung von Naturphänomenen ganz ohne Teleologie und ohne übernatürliche Ursachen auszukommen.

Es ist schwierig zu bestimmen, wie nahe Lukrez am epikureischen Original orientiert bleibt und wo er eigene Lehren entwickelt oder zumindest eigene Akzentsetzungen vornimmt. Eine enorme originelle Leistung des Lukrez besteht jedenfalls darin, dass er im Lateinischen eine philosophische Fachsprache gleichsam aus dem Nichts kreieren musste. In diesem Punkt ist Lukrez' Leistung der seines Zeitgenossen Marcus Tullius Cicero (106–43 v. Chr.) vergleichbar, wenn auch Ciceros späterer Einfluss größer sein sollte: Beide Autoren schufen eine lateinische Fachsprache, die für die Philosophie und die Wissenschaft des europäischen Mittelalters und der frühen Neuzeit maßgeblich blieb.

Auch Lukrez entfaltete im westlichen Mittelalter und besonders in der frühen Neuzeit eine enorme Wirkung, gerade durch seine Naturphilosophie und seine atomistische Naturwissenschaft. Aber Cicero ist wirkungsgeschichtlich zweifellos die wichtigere Figur, und zwar aus zwei Gründen: Erstens durch seine Vielseitigkeit und Exzellenz als Rhetor und Politiker der späten römischen Republik (die im historischen Bewusstsein der nachfolgenden Jahrhunderte stets präsent blieb) und zweitens durch seine eleganten und kultivierten Schriften, die in nahezu allen Epochen der westlichen Rezeptionsgeschichte gelesen wurden. Ciceros philosophische Leistungen sind folgende: (a) In seinen philosophischen Werken, besonders in *De finibus*, den *Gesprächen in Tusculum* und in *De officiis*, vollzieht sich der entscheidende philosophische Bildungstransfer aus der griechischen Welt in den römischen Westen. Cicero ist ein Meister der exakten Doxographie. Nachdem er in den Jahren 79–77 v. Chr. anlässlich einer ausgedehnten Reise nach Griechenland die Philosophie der Akademie (bei Philon von Larisa und Antiochos von Askalon in Athen) kennengelernt und zudem die mittlere Stoa (bei Poseidonios auf Rhodos) rezipiert hatte, komponierte er eine ganze Reihe seiner Schriften als Dialoge, in denen unterschiedliche Schulmeinungen aufeinandertreffen. Diese vermitteln uns äußerst wertvolles Material zur Philosophie der Akademie, der Stoa und des Epikureismus. (b) Daneben steuert Cicero eine Reihe von originellen Zusatzleistungen zu dem philosophischen Material bei, das er vorgefunden hat. Seine vielleicht wichtigste Leistung ist die Darstellung der akademischen Skepsis in den *Academica priora* und *posteriora* sowie im *Lucullus*. Cicero entwickelt hier seine Überzeugung, dass Wahrheit unerreichbar ist. Allerdings versteht er seine Wahrheitsskepsis so defensiv, dass er approximative Fortschritte zum Wahren durchaus für möglich erklärt. Immerhin sei das Wahrheitsähnliche (*veri similis*) oder Wahrscheinliche (*probabilis*) erreichbar; das scheint zu bedeuten, dass man sich nach Cicero lediglich nicht gewiss sein kann, ob man die Wahrheit in einem gegebenen Fall tatsächlich erreicht hat.

(c) Überdies versieht Cicero einige seiner Themen mit spezifisch römischen Wendungen. Als junger Mann hatte er auf seiner Reise nach Smyrna Rutilius Rufus und den Scipionen-Kreis kennengelernt, dessen Hauptmerkmal ein spezifisch römisches Ethos des Einsatzes für das Gemeinwesen (für die *res publica*) war. Er unternahm es, mit seinen Schriften *De re publica* (Über den Staat) und *De legibus* (Über die Gesetze) römische Äquivalente für Platons politische Hauptschriften *Politeia* und *Nomoi* zu verfassen. Ciceros politische Theorie in *De re publica* hat u. a. die Besonderheit, mit Blick auf die römische Republik das Gemeinwesen als ‹Angelegenheit des Volkes› (*res populi*) zu definieren. In seiner Verfassungstheorie erscheint die aus Monarchie, Aristokratie und Demokratie ‹gemischte› Staatsform – nämlich erneut die römische Republik – als die bestmögliche. Seine Theorie des Naturrechts (*De legibus* I.40–52) entwickelt er ebenfalls als Verbindung von älterer Stoa mit spezifisch römischen Auffassungen. Einerseits führt sie die Natur qua Vernunft als Maßstab legitimer Gesetzlichkeit ein. Die Natur soll also durch die ihr immanente Vernunft den Standard für die bestmögliche menschliche Lebensführung und Staatsorganisation abgeben. Andererseits hat K. M. Girardet die These vertreten, dass Ciceros Schrift *De legibus* das *ius naturae* (auch *lex naturae* und *lex aeterna*) nicht im Sinn der aus der späteren Theoriegeschichte geläufigen Dichotomie von Naturrecht und positivem Recht interpretiere. Cicero sehe im Naturrecht vielmehr den Gegenbegriff zum dekretierten Recht und betrachte es deswegen beispielsweise als einen Teil des altrömischen Rechts sowie anderer legitimer Verfassungen. Der ciceronischen Position liegt nach Girardet eine ganz andersartige Naturrechtsidee zugrunde, nach der dasjenige positive Recht, das «aus der Natur des Menschen hervorgeht», selbst das Naturrecht sei; dieses wesensgemäße Recht entspreche weitgehend dem Recht der alten römischen Republik.

(d) Bedeutsam ist schließlich auch Ciceros Darstellung der stoischen *oikeiôsis*-Theorie in *De finibus* III. 16–22. Danach beginnt jedes Lebewesen sogleich nach seiner Geburt, sich zu sich selbst zu verhalten, und zwar mit dem Ziel der Selbsterhaltung. Dazu würden existenzstabilisierende Güter erstrebt, existenzgefährdende Übel gemieden. Cicero berichtet weiter, das natürliche Streben nach Selbsterhaltung impliziere für die Stoiker eine Fähigkeit zur Selbstwahrnehmung (*sensus sui*) sowie ein Selbstverhältnis der Affirmation (*se diligere*). Sodann referiert Cicero: Als schätzenswert (*aestimabile*) könne alles gelten, was entweder selbst naturgemäß sei oder was etwas Naturgemäßes bewirke, als ablehnenswert (*inaestimabile*) das entsprechende Gegenteil. Die erste Stufe normativ angemessenen Handelns (*officium*, *kathêkon*), liege folglich darin, dass man sich in einem naturgemäßen Zustand erhalte, die zweite darin, dass jemand generell Naturgemäßes wähle und Naturwidriges ablehne. Diesem zweiten Schritt, der Wahlfähigkeit (*selectio*), muss nun ein Übergang von der Trieb- zur Vernunftorientierung vorausgegangen sein; Cicero sagt, es bilde sich auf der Basis dieser Wahlfähigkeit ein stabiler Habitus heraus (gemeint ist die Tugend), der seinerseits zur Übereinstimmung mit der Natur führe, womit dann das definitive Strebensziel (*vere bonum*) erreicht sei. Die Wendung von der Selbsterhaltung zur Übereinstimmung, so heißt es erläuternd, komme dadurch zustande, dass jemand zum Erkenntnis- oder Begriffsvermögen gelange. Er lerne hierbei erfassen, dass es sich bei der Übereinstimmung um das tatsächlich höchste und schlechterdings intrinsisch erstrebenswerte Gut handle. Ciceros Stoiker-Referat schildert einen qualitativen Umschlag, einen grundlegenden Wandel von einem ersten Niveau zu einer zweiten Stufe normativ angemessenen Handelns (*officium*). Die beiden Formen von *officia* unterscheiden sich dem Bericht zufolge darin, dass man zum ersten durch Naturimpulse, zum zweiten aufgrund vernünftiger Einsicht gelangt. Auf diese Weise ermöglicht Ciceros Referat eine ‹Kantische› Lesart der stoischen *oikeiôsis*, bei der ‹Übereinstimmung mit der Natur› als ein für das Subjekt im inneren Selbstverhältnis zwingendes Vernunftgebot erscheint.

Auch der römische Philosoph Seneca (4 v. Chr.–65 n. Chr.) ist eine bemerkenswerte historische Figur. Senecas Bedeutung ergibt sich zunächst daraus, dass er der älteste Stoiker ist, von dem uns vollständige Schriften überliefert sind. Diese sind von enormer Wichtigkeit für alle Interessenten der antiken Philosophie, weil sie eine unentbehrliche Grundlage für unsere Kenntnis der Ethik der Antike insgesamt abgeben. Besonders Senecas Trostschriften (an Marcia, an Polybios und an seine Mutter Helvia) und seine *Briefe an Lucilius* machen deutlich, wie stark man die antike Ethik (nicht nur die der Stoa) vor dem Hintergrund des Lebenskunst-Paradigmas verstehen muss: Ethik verstanden als Lebenskunst ist – wie wir bereits sahen – eine philosophische Disziplin, die sich nicht so sehr die Klärung theoretischer Probleme des richtigen Handelns zum Ziel setzt, sondern die das menschliche Leben qualitätvoller, vernünftiger, besser, kurzum: glücklicher zu machen versucht. Der Philosophie fällt dabei die Aufgabe zu, eine begrifflich-argumentative Form von Seelenleitung und Therapie anzubieten.

Seneca erscheint darüber hinaus als eine schillernde und widersprüchlich wirkende Gestalt innerhalb seiner Epoche. Er war keineswegs ein müßiger Privatgelehrter oder ein weltferner Schulphilosoph; vielmehr stand er dem politischen Machtzentrum seiner Zeit unmittelbar nahe. Als wohlhabender Geschäftsmann und als Erzieher und Berater von Kaiser Nero, als Vertrauter von Kaiserin Agrippina und als ein führender Minister erlebte er im Verlauf seiner Karriere alle möglichen Höhen und Tiefen von Spitzenämtern und politischer Verbannung, Rehabilitation und erneuter Anklage, Reichtum und Armut, Anerkennung und Verleumdung. Bereits dem römischen Historiker Tacitus schien der erzwungene Suizid, zu welchem Seneca schließlich von Nero wegen seiner angeblichen Teilnahme an einer Intrige genötigt wurde, eine ausführliche Darstellung wert: Er bildet fast das Muster eines vorbildlichen philosophischen Todes (*Annales* 15,60–64). Bis heute liefert Senecas Leben ein spannendes und facettenreiches Thema für Biographen, wofür Manfred Fuhrmanns Buch *Seneca und Kaiser Nero. Eine Biographie* (1999) ein lesenswertes Beispiel darstellt. Mehr noch, Seneca war zugleich ein äußerst respektabler Tragödienschreiber, der einige zentrale griechische Theaterstoffe (darunter *Medea* und *Phaedra*) für die römische Welt aufgegriffen und damit für die westliche Theatertradition erschlossen hat. Zudem ging er in die Geistesgeschichte als glänzender Stilist und als subtiler Psychologe ein; seine philosophischen Abhandlungen boten über die Jahrhunderte ihrer Wirkungsgeschichte hinweg einen ebenso stilprägenden wie hochreflektierten Lesestoff.

Was aber zweifellos am meisten zählt, ist, dass Seneca auch der Sache nach als bedeutender Philosoph gelten kann. Er hat zur philosophischen Ideengeschichte eine Reihe origineller Beiträge geleistet, wovon die wichtigsten um drei philosophische Themen kreisen: (a) Theorie der Emotionen: Besonders in der Schrift *De ira* diskutiert Seneca die stoische Theorie der Affekte. Es bleibt für Seneca wie in der älteren Stoa dabei, dass Emotionen unvernünftig sind und insgesamt auf dem Weg einer Affekttherapie überwunden werden müssen. Aber er betont stärker als die hellenistischen Autoren die Rolle der ‹positiven Emotionen› (*eupatheiai*) und bezieht auch die Sanftmut (*clementia*) in sie ein. (b) Willensbegriff: Seneca verfügt über eine komplexe und differenzierte Theorie des Willens. Unter *voluntas* versteht er zunächst diejenige seelische Ausrichtung, die eine Handlung moralisch richtig macht und die ihrerseits auf die grundsätzliche Verfassung (*habitus*) der Seele zurückgeht; dieser ‹reine und gute› Wille wird nahe an den Tugendbegriff herangerückt (*Epistula* 95.57 und 92.3). Sodann kennt Seneca den Willen als Antriebsenergie, als Vermögen, etwas beharrlich zu verfolgen; so spricht er von der zentralen Bedeutung eines «Willens zum (moralischen) Fortschritt» (*velle proficere*) (*Epistula* 71.35 f.). Und schließlich verfügt er über einen neutralen, auch negativ verwendbaren Willensbegriff: So konstatiert er etwa, bisweilen fehle es am Wollen, während angeblich ein Nicht-Können vorliege, oder, die Lust solle nicht die Führerin, sondern nur die Begleiterin des rechten und guten Willens sein. (c) Moralpädagogik: Seneca gehört zu den Autoren, die den Rigorismus der hellenistischen Philosophen mit Blick auf den moralischen Fortschritt aufweichen. Er erkennt Fortschritte auch dann als relevant an, wenn jemand noch unterwegs zur vollen ‹Weisheit› ist und insofern noch als Fortschreitender (*proficiens*), nicht als Weiser (*sapiens*) gelten muss.

Eine weitere wichtige Leistung findet sich im Traktat *De brevitate vitae* (*Von der Kürze des Lebens*), der um das Jahr 55 n. Chr. entstanden sein dürfte. Seneca behandelt dort die Frage nach dem gelingenden Leben aus der Perspektive des subjektiven Zeiterlebnisses. Niemand vor ihm hat dies mit einer vergleichbaren Eindringlichkeit und Phänomennähe getan. Der Text thematisiert die Klage vieler Menschen darüber, dass das Leben allzu kurz sei; es vergehe wie im Flug und sei vorbei, noch ehe es richtig begonnen habe.

Abschließend sei noch ein Autor behandelt, der zwar Griechisch schrieb, aber mit der römischen Kultur, Politik und Gesellschaft aufs engste verbunden war, so dass er hier nicht fehlen darf: der stoische Philosoph und römische Kaiser Marc Aurel (121–180 n. Chr.). Marc Aurel wurde erst als 18Jähriger vom damaligen Kaiser Antoninus Pius adoptiert und war damit unvermittelt Thronfolger. Von seinem Lehrer Rusticus erhielt er die Schriften des Stoikers Epiktet zur Lektüre; er blieb ihnen lebenslang eng verpflichtet. Marc Aurel regierte das Reich in den Jahren 161–180, in denen es neben inneren Aufständen zwei große militärische Herausforderungen zu bewältigen gab: die

Bedrohung durch die Parther im Osten und die Gefährdung der Donau-Grenze durch die Germanen. Der Historiker Dio Cassius berichtet davon, Marc Aurel sei ein ausgesprochen gerechter und gemeinwohlorientierter Kaiser gewesen.

In seiner philosophischen Position kann Marc Aurel als typischer römischer Stoiker gelten. Anders als die stoischen Philosophen der hellenistischen Periode zeigt er sich wenig interessiert an den technischen Diskussionen um Logik, Erkenntnistheorie oder Sprachphilosophie. Sein Buch, die *Meditationen* (im Original: *Ta eis heauton – Schriften an sich selbst*), hat mehr mit Fragen der gelingenden Lebensführung und der Anwendung der stoischen Philosophie auf das Alltagsleben zu tun. Es handelt sich bei den *Meditationen* nicht um ein systematisches Buch; dennoch sind einige Grundthemen erkennbar. Eines dieser Themen ist die konstante Beachtung der Grenze zwischen dem, was unmittelbar in unserer Verfügung liegt, und dem, was wir nicht in der Hand haben. Dies führt dazu, dass Marc Aurel die weitgehende Unverfügbarkeit des Schicksals anerkennt. Er plädiert dafür, Krankheit, Tod und moralische Übel als natürliche Geschehnisse hinzunehmen:

> Alles, was geschieht, ist so gewöhnlich und bekannt wie die Rose im Frühling und die Frucht zur Erntezeit. Dahin gehören auch Krankheit und Tod, Verleumdung und Nachstellung, und was sonst noch die Toren erfreut oder betrübt (IV. 44).

Marc Aurel verleiht dabei seiner Überzeugung Ausdruck, dass uns unsere psychische Immunität gegen die Widrigkeiten des moralischen Übels eine reiche innere Belohnung verschafft. Wir können uns gleichsam in unsere ‹innere Burg› zurückziehen. Zudem betont er, es gewähre «dem Menschen Freude, wahrhaft menschlich zu handeln. Wahrhaft menschlich ist aber das Wohlwollen gegen Seinesgleichen, Verachtung der Sinnesreize, Unterscheidung bestechender Vorstellungen, Betrachtung der Allnatur und ihrer Wirkungen» (VIII. 26). Im VII. Buch seiner *Meditationes* behauptet er, alle Entitäten im Universum stünden in unmittelbarer Verbindung zueinander. Diese Verbindung bezeichnet er als ein ‹heiliges Band› (*syndesis hiera*). Er charakterisiert die Einheit des Kosmos wie folgt:

> Alles ist miteinander wie durch ein heiliges Band verflochten, und nahezu nichts ist dem anderen fremd. Alles ist nämlich insgesamt zusammengeordnet und gestaltet insgesamt dieselbe Welt. Es existiert nämlich aus allem zusammengesetzt *eine* Welt, *ein* Gott, alles durchdringend, *eine* Substanz, *ein* Gesetz, *eine* Vernunft, allen vernünftigen Wesen gemein, und *eine* Wahrheit, so wie es auch nur *eine* Vollkommenheit für alle diese verwandten, derselben Vernunft teilhaftigen Wesen gibt (VII. 9).

Kennzeichnend für Marc Aurel ist ferner der Übungscharakter seiner Schrift und der in ihr enthaltenen Gedanken. Wie besonders P. Hadot (1997) herausgearbeitet hat, verfolgen die *Meditationen* nicht eigentlich theoretische Absichten, sondern sind im Sinn einer Selbstschulung durch Wiederholung und Gewissensprüfung intendiert. Marc Aurel unterzog sich der regelmäßigen schriftstellerischen Arbeit nicht, um theoretische Probleme der stoischen Philosophie zu lösen oder um ihr originelle und innovative Aspekte hinzuzufügen. Vielmehr bestand sein Anliegen darin, sich in die stoische Lebenshaltung zu vertiefen, sie in sein Alltagsleben zu integrieren und ihre persönlichkeitsverändernde Wirkung sukzessive zu verstärken.

6. Kaiserzeit und Spätantike: Heidnischer und christlicher Platonismus

Das Ende der Antike lässt sich an unterschiedlichen historischen Ereignissen festmachen. Eine Möglichkeit besteht darin, die Alleinherrschaft von Kaiser Konstantin (325 n. Chr.) als Schlüsseldatum anzusehen. Konstantin verfolgte die Absicht, das Römische Reich einheitlich zu christianisieren und schuf damit in gewisser Weise die Voraussetzungen für das mittelalterliche Europa. Möglich wäre es aber auch, den Beginn der Völkerwanderung als Epochenschwelle heranzuziehen, also z. B. die Schlacht bei Adrianopel im Jahr 378; denn mit der Völkerwanderung änderten sich die politischen und ethnischen Gegebenheiten im Europa und im Mittelmeerraum signifikant. Markante Daten wären ferner die Plünderung Roms durch die Westgoten im Jahr 410 oder die Auflösung des weströmischen Reichs durch die Absetzung von Kaiser Romulus Augustulus im Jahr 476. Doch so markant diese Einschnitte auch sind, innerhalb der Philosophiegeschichte empfehlen sich zwei andere Schlüsseldaten: zum einen die Schließung der bis dahin heidnisch gebliebenen platonischen Akademie in Athen durch den oströmischen Kaiser Justinian im Jahr 529 und zum anderen der (fast gleichzeitige) Tod des römischen Philosophen Boethius (524), der als angeblicher Verschwörer gegen die westgotische Herrschaft in Italien hingerichtet wurde.

Als Beginn der Spätantike lässt sich vielleicht schon die Alleinherrschaft von Kaiser Augustus (ab 31 v. Chr.) ansehen. Noch passender ist es aber, dafür das dritte nachchristliche Jahrhundert zu wählen. Denn seit dieser Zeit war das Reich politisch instabil und ökonomisch geschwächt; nur einzelne Kaiser – etwa Diokletian oder Konstantin – vermochten es, wenigstens zeitweise eine gewisse Ordnung wiederherzustellen. Die Grenzen waren nicht mehr sicher, und so wurde fast das gesamte römische Territorium von plündernden Banden durchzogen, die meist von außen eindrangen, zu denen aber auch illoyale römische Truppen gehörten. Es kam zu Chaos und Anarchie mit einem markanten Verlust an Bildungsgütern, Schuleinrichtungen und Bibliotheksbeständen. Philosophiehistorisch ist auffällig, dass es seit dieser Zeit fast nur noch platonische Philosophen gibt, seien diese Heiden, seien sie Christen.

Die bedeutendste philosophische Schule der Spätantike, der Neuplatonismus, geht auf Plotin (204–270 n. Chr.) zurück. Diese Schule erlangte ab 400 n. Chr. praktisch eine Monopolstellung im zeitgenössischen Philosophiebetrieb. Die stark metaphysische Ausrichtung ermöglichte dem Neuplatonismus eine Verbindung mit unterschiedlichen Religionen: zunächst mit der traditionellen paganen Religion, einschließlich der Orphik, der Theosophie und den Chaldäischen Orakeln, später mit dem Christentum, wozu auch gnostische Strömungen zu zählen sind, und schließlich im Mittelalter mit dem Islam. Hinzu kommt eine breite philosophische Rezeption, die bis weit in die Moderne reicht. Der Ausdruck ‹Neuplatonismus› ist neuzeitlich; seine antiken Anhänger betrachteten sich nicht als Begründer einer neuen philosophischen Richtung, sondern lediglich als genaue und konsequente Interpreten Platons. Die Neuplatoniker nahmen aber auch vielfach Anregungen aus der Tradition des Peripatos sowie aus der Stoa auf. Antike Hauptvertreter des Neuplatonismus sind neben Plotin dessen Schüler Porphyrios, sodann Iamblich, Dexippos, Syrianos, Proklos, Damaskios, Simplikios und Johannes Philoponos.

Charakteristischer Inhalt des Neuplatonismus und Differenzmerkmal gegenüber dem älteren Mittelplatonismus ist die Lehre vom absoluten, göttlichen Einen; dieses gilt als transzendentes Prinzip, aus welchem die gesamte Realität in einem stufenförmigen Konstitutionsprozess hervorgeht (Derivationstheorie). Nur durch etwas vollkommen Einfaches, so der Neuplatonismus, kann man die komplexe Struktur der Realität hinreichend erklären. Die vier Hauptstufen sind neben dem Einen (*to hen*) zunächst der göttliche Intellekt (*ho nous*), sodann die Seele (*hê psychê*), weiterhin die sinnlich wahrnehmbare Welt (*ho kosmos aisthêtos*) und schließlich die Materie (*hê hylê*). Da das Eine, von dem alles ausgeht und das zugleich als absolutes Gutes den Endpunkt allen Strebens bildet, für unser Denken und Erkennen transzendent und unerreichbar ist, kann man es nur auf indirektem Weg erfassen: durch Negative Theologie. Damit gemeint ist eine Methode des Weglassens und Aufhebens aller Prädikate und Aussagestrukturen, die zur Erfassung eines absolut Einfachen ungeeignet sind. Um das Eine dennoch kennzeichnen zu können, verbleiben nur solche sprachlichen Strategien wie die Negation, das Paradox, der Superlativ, der uneigentliche Ausdruck, die Metapher sowie der Gebrauch von Bildern, Analogien und Mythen.

Zentral innerhalb des gestuften Kosmos des Neuplatonismus ist die Gegenüberstellung einer geistigen (intelligiblen) Welt und einer sinnlichen (sensiblen) Welt; die sinnlich erfassbare Realität gilt als ein geringeres, aber noch immer wertvolles Abbild des geistigen Kosmos. Das ästhetisch Schöne, besonders in der Kunst, bringt die Vollkommenheit der intelligiblen Welt zur sinnlichen Erscheinung. Entscheidend für die Konzeption des geistigen Kosmos ist die Lehre vom göttlichen Intellekt, in welchem Platons Ideen in Form einer komplexen Einheit angesiedelt werden. Aufgabe des Menschen ist es, sich so weit zu vergeistigen, dass ihm ein intellektueller Aufstieg zur intelligiblen Welt gelingt, aus der die menschliche Seele ursprünglich herstammt. Der Neuplatonismus greift hierbei zahlreiche Elemente der traditionellen antiken Religion, des Mythos und der Mysterienreligionen positiv auf. Charakteristisch ist schließlich die Deutung des Übels in der Welt (physisches und moralisches Übel) als Ausdruck der Minderung an Sein, d. h. als etwas Nichtseiendes (Plotin) oder zumindest Unselbständiges (Proklos).

Unsere einzige Quelle für die Biographie Plotins ist die *Vita Plotini* seines Schülers Porphyrios. Nach dieser Quelle studierte Plotin etwa von 231–242 in Alexandria bei dem Platoniker Ammonios Sakkas; möglicherweise war dort der Kirchenvater Origenes sein Mitschüler. Im Jahr 242 scheint Plotin am Persienfeldzug von Kaiser Gordian III. teilgenommen zu haben. Dieser

Feldzug scheiterte, und Plotin musste fliehen. Während er seine erste Lebenshälfte in Ägypten verbracht zu haben scheint, lebte Plotin seit der Mitte der 240 Jahre in Rom. Dort gründete er eine eigene Schule, deren Hörerschaft sich teilweise aus der römischen Oberschicht zusammensetzte. Plotin genoss sogar das Wohlwollen von Kaiser Gallienus und dessen Frau. Sein Plan, eine philosophische Idealstadt namens ‹Platonopolis› im süditalischen Campanien zu gründen, scheiterte allerdings an einer Intrige am Kaiserhof. Nach der Ermordung des Gallienus (268) war die privilegierte Stellung Plotins wohl beendet; und es wird von einer schweren und schließlich tödlichen Erkrankung Plotins berichtet. In seinen späten Jahren verfasste Plotin ein beträchtliches Schriftencorpus, das uns durch Porphyrios' *Enneaden*-Edition in Form von 54 Traktaten vollständig überliefert ist. Plotin starb um das Jahr 270 auf dem Landgut eines seiner Schüler bei Minturnae (Kampanien).

Das wohl wichtigste Theoriestück Plotins besteht in seiner Henologie. Darunter ist eine monistische Form der Welterklärung zu verstehen, nach welcher man ein erstes Prinzip der Realität anzunehmen hat, das als absolutes Eines beschrieben wird. Aus diesem sollen alle anderen Entitäten hervorgehen, während es selbst gegenüber diesen transzendent bleibt. Plotin ist der Auffassung, dieses Prinzip sei identisch mit Platons Idee des Guten, welche in *Politeia* VI als «jenseits des Seins» beschrieben wird (*epekeina tês ousias*: 509b9). Plotins Stellung in der Geschichte der *nous*-Metaphysik lässt sich am besten verstehen, wenn man seine Position zunächst vor dem Hintergrund des Mittelplatonismus beschreibt. Dabei übernimmt er die von den Mittelplatonikern vorbereitete Auffassung von der *nous*-Immanenz der Ideen. Auch Plotin unterstreicht, die Ideen dürften «nicht außerhalb des Intellekts» situiert werden. Seine Innovation – oder zumindest seine neuartige Akzentsetzung – besteht aber darin, dass er die Ideen insgesamt als Einheit auffasst: Jeder Inhalt des Intellekts ist zugleich jeder andere, und jeder Teilgehalt umfasst zugleich das Ganze; Plotin expliziert dies gerne am Beispiel der Wissenschaft (*epistêmê*), in welcher ebenfalls jeder Teilgehalt jeden anderen Teilgehalt und das Ganze impliziert. Der Intellekt stellt auf diese Weise etwas Einheitliches und Vielheitliches zugleich dar: Er bildet eine in sich differenzierte Einheit (*hen polla*). Eine zentrale Quelle dieser plotinischen Konstruktion lässt sich bei Alexander von Aphrodisias ausmachen; in dessen Kommentierung von *De anima* III. 4–5 erscheint bereits der Gedanke, dass der *nous* die Denkinhalte (*noêta*) denkt und die *noêta* deshalb mit dem *nous* im Denkakt geeint sein müssen.

Plotins Ethik kreist um die Vorstellung eines intellektuellen ‹Aufstiegs› der menschlichen Seele; diese soll durch konsequente Selbstvereinfachung sowie durch eine intellektuelle Selbstvervollkommnung vonstatten gehen. Der Begründer des Neuplatonismus greift auf eine Antithese aus Platons *Phaidon* (82a) zurück, wo er seine Unterscheidung zwischen bürgerlichen Tugenden (*politikai aretai*) und höheren Tugenden (*meizous*) vornimmt (vgl. *Enneade* I 2 [19] 1,16 f.). Plotin unterlegt diesem Begriffspaar aber den neuartigen Sinn, dass bürgerliche Tugenden diejenige Charakterhaltung bezeichnen, welche unter den Bedingungen einer zeitlich-irdischen Existenz angemessen ist, während ihre ‹Urbilder›, die höheren Tugenden, die vortreffliche seelische Verfassung in einer intelligiblen und unkörperlichen Existenzform darstellen. Die bürgerlichen Tugenden weisen nach Plotin mindestens zwei Fehler auf: Zum einen spiegeln sie eine insgesamt uneinheitliche Seelenverfassung, da sich die vier Kardinaltugenden auf die drei verschiedenen Seelenteile sowie ihr Zusammenspiel beziehen. Zum anderen ist derjenige, der sie besitzt, alles andere als frei, über ihre Ausübung selbst zu entscheiden, weil es ja die jeweiligen äußeren Umstände sind, die zu ihrem Einsatz nötigen; so ist es beispielsweise die Konfrontation mit Unrecht, welche den Gerechten zum Handeln zwingt (*Enneade* VI. 8 [39] 5). Porphyrios, Iamblich und die späteren Neuplatoniker haben diese gestufte Tugendkonzeption Plotins mit ihrer Hervorhebung intelligibler Tugenden fortgeführt und weiter differenziert.

Nach Plotins Auffassung kommt es zu sensibler Schönheit durch «Partizipation» des Sinnlichen an der intelligiblen Vorzüglichkeit der Ideen. Dieser Teilhabecharakter zeige sich daran, dass Sinnliches immer nur vorübergehend schön sein könne. Intelligibles hingegen sei einheitlich und daher immer und gleichbleibend schön. Schönheit, so Plotin, ist somit «das Erscheinen des Teillosen im Vielen» (*Enneade* I.6 [1] 3). Für Plotin existiert Schönheit zwar auch in der Natur; dennoch besteht die Aufgabe des Künstlers nicht in einer einfachen Nachahmung der Natur. Vielmehr meint er, der wahre Künstler entnehme seine Inspiration der höheren Welt: «Man muss wissen, dass die Künste nicht einfach das Sichtbare imitieren, sondern zu den rationalen Formen aufsteigen, aus denen auch die Natur stammt» (*Enneade* V.8 [31] 1). Am Beispiel der Zeus-Statue des Phidias erläutert er daher: «Phidias hat seinen Zeus nicht nach etwas Sinnlichem geschaffen, sondern indem er ihn so nahm, wie Zeus wäre, wenn er vor unseren Augen erscheinen wollte» (ebd.).

Plotin besitzt eine enorme Wirkungsgeschichte. Sein wichtigster Schüler Porphyrios war ein Gelehrter von erheblicher Wirkung; wichtige Leistungen sind seine *Kategorien*-Kommentierung sowie seine These von der Harmonie der Philosophien Platons und Aristoteles'. Eine spürbare Akzentverschiebung innerhalb des späteren Neuplatonismus ergab sich aus dem Werk des Iamblich (ca. 245–325 n. Chr.): Dieser systematisierte u. a. die Lehre von den Stufen der Realität (Hypostasen) unterhalb des Einen und führte Methoden der Magie, des Orakelwesens und der Theurgie ein, d. h. der rituellen Kontaktaufnahme mit dem Göttlichen. Seit Iamblich greift der Neuplatonismus in weitem Umfang auf literarische Allegoresen und Etymologien zurück und versucht, alle Geheimnisse der Welt in Details und Andeutungen der platonischen Dialoge zu identifizieren. Bereits bei Iamblich und dann bei Plutarch von Athen und Syrianos findet sich die Idee, man müsse Platons Dialoge in einer bestimmten Reihenfolge studieren, um seine Seele optimal für die in den Texten enthaltene Wahrheit zu präparieren: *Alkibiades I*, *Gorgias*, *Phaidon*, *Kratylos*, *Theaitetos*, *Sophistes*, *Politikos*, *Phaidros*, *Symposion*, *Philebos*, *Timaios* und *Parmenides*.

Der bedeutendste spätere Neuplatoniker ist zweifellos Proklos (412–485). Geboren in Byzanz (Konstantinopel), studierte er in Xanthos, Alexandria und schließlich in Athen bei Plutarch und bei Syrianos. Proklos verfasste eine Reihe bedeutender Platon-Kommentare, etwa zur *Politeia*, zum *Parmenides* und zum *Timaios*. Daneben schrieb er Kommentare zu Aristoteles und Euklid, aber auch systematische Werke, besonders die *Elementatio theologica* (*Stoicheiôsis theologikê*) und die *Theologia Platonica*. Proklos hatte das Amt des ‹Nachfolgers Platons› (*diadochos*) an der Athener Akademie für fast 50 Jahre inne. In einer fast völlig christianisierten Umgebung blieb er konsequent bei der paganen Religion.

Proklos lässt sich in vier Hinsichten als *der Systematiker* unter den Neuplatonikern beschreiben: insofern er nämlich (a) nicht einzelne Sachprobleme behandelt, sondern eine Gesamtinterpretation der Wirklichkeit versucht, dabei (b) Prinzipienfragen thematisiert und grundlegende oder möglichst erschöpfende Auskünfte über die Realität zu geben beansprucht, sodann (c) die wichtigsten früheren Autoren und historischen Standpunkte als Teilaspekte in ihre eigene Sichtweise einbezieht und schließlich (d) auf strenge Folgerichtigkeit, Kohärenz und Konsistenz, Beweiskraft der Argumente, Ordnung und Methodizität großen Wert legt. (a) Proklos erhebt den Anspruch, eine umfassende Deutung des Universums zu liefern. Die Grundlage dieser Deutung besteht im metaphysischen Einheitsbegriff. Proklos versucht, alles vielheitlich Einzelne in den umfassenden Zusammenhang eines metaphysischen Derivationsmodells einzubeziehen, ohne dabei die Komplexität der Welt ungebührlich zu reduzieren. So erklärt sich sein bekannter Grundsatz «Alles ist in allem, (in jedem) aber auf eigentümliche Weise» (*panta en pasin, all' oikeiôs*: *Elementatio theologica* 28 und 103). Kennzeichnend für seine Form von Systematik ist die Frage, wie sich ein partikulares Phänomen auf die neuplatonisch gedeutete Realität insgesamt beziehen lässt. Typisch für Proklos ist zudem eine Vorgehensweise, die man als Prinzip der multiplen Affirmation bezeichnen kann: Er zeigt sich bemüht, die eine Wahrheit mehrfach, d. h. auf möglichst verschiedenen Ebenen bestätigt zu finden. Seine Absicht ist es, Plausibilität für seine jeweiligen Standpunkte kumulativ zu erzeugen. Weiter (b) vertritt Proklos seine Auffassung in dem Bewusstsein, dass der Ausgangspunkt beim Einheitsbegriff nicht-beliebig sei; von etwas Elementarem und unbestreitbar Gewissem ausgehend, meint er eine, um mit *Politeia* VI zu sprechen, nicht-hypothetische Wissenschaft entwickeln zu können (z. B. *In Parmenidem* 1033 f.). (c) Es kommt hinzu, dass Proklos ein integrativ-harmonisierendes Bild der Philosophiegeschichte und der ihm als wertvoll erscheinenden religiösen Traditionen vertritt. Er sieht seine eigene Rolle darin, den partikularen Wahrheitsmomenten ihren gebührenden Platz zuzuweisen, Widersprüchliches miteinander zu versöhnen und Irrtümer und Halbwahrheiten seiner Vorgänger richtigzustellen. Integrativ und harmonisierend fällt insbesondere das Platon-Bild des Proklos aus. Er versteht den gesamten Platon von dem metaphysisch interpretierten zweiten Teil des Dialogs *Parmenides* her. (d) Schließlich ist Proklos' Vorgehen charakterisiert durch eine bis dahin unbekannte Logifizierung, Technizität der Begriffe, terminologische Einheitlichkeit und Kohärenz der Darstellung. Hinzu kommt eine starke Kanonisierung der im Schulbetrieb verwendeten Lehrschriften sowie seines Studiencurriculums. Diese Kanonisierung ist fundiert in der anagogischen Vorstellung von der Rückkehr der menschlichen Seele zu ihrem Ursprung. Die Praxis von Gebet und Theurgie belegt zudem, dass Proklos die Idee einer systematischen Einheit unmittelbar auf die Fragen der täglichen Lebensführung übertragen hat.

Für die Philosophie des Proklos ist ferner charakteristisch, was man als ‹Hypostasenpluralisierung› bezeichnet hat. Nach Proklos' Vorstellung sind nicht nur vier oder fünf, sondern wenigstens sechs Stufen der Realität zu unterscheiden, nämlich Eines–Sein–Leben–Denken–Seele–Körper. In einem ausführlicheren Schema, das die sinnliche Welt präziser einteilt, gelangt man sogar zu neun verschiedenen Stufen: (I) Eines, (II) Sein, (III) Leben, (IV) Denken, (V) Seele, (VI) animalische Lebewesen, (VII) Pflanzen, (VIII) unbelebte Körper, (IX) Materie. Proklos ist ein extremer metaphysischer Realist in dem Sinn, dass er sämtliche von ihm vorgenommenen Begriffsdistinktionen als Realdistinktionen auffasst und sie in einen komplexen hierarchischen Stufenbau einträgt. Zwar geht die Tendenz zur Hypostasenpluralisierung bereits auf Iamblich zurück, aber es war Proklos, der gemäß seiner «Kunst des kleinsten Übergangs», wie man es genannt hat, subtile Differenzierungen in der Entfaltung der Vielheit aus der Einheit vorgenommen hat. Dazu gehört zunächst die Differenzierung zwischen dem absoluten Einen und den Henaden, sodann die Unterscheidung von Sein, Leben und Denken innerhalb des Intellekts und schließlich die auf jeder dieser Stufen entwickelten komplexen Götterhierarchien. Proklos' Universum ergibt sich aus folgenden Überlegungen zu einer ontologischen Stufenordnung: Alles nach dem absoluten Einen spiegelt die zwei Triaden *monê-prohodos-epistrophê* und *peras-apeiron-mikton* wider (*Elementatio theologica* 146–148). Die Prinzipien *peras* und *apeiron*, die sich direkt unterhalb des Einen befinden, dienen dazu, die Generation von Vielheit zu erklären. Zu betonen ist dabei, dass der Ausdruck *mikton* (‹Gemischtes›) zu Unrecht suggeriert, *peras* und *apeiron* seien im Sinne eines aristotelischen Hylemorphismus aufzufassen; eher muss man sagen, dass jede Entität nach dem Einen ein Abbild von dessen Einheit darstellt – wenn auch in mehr oder minder depotenzierter Form. Unter den Entitäten, die durch die beiden Prinzipien *peras* und *apeiron* konstituiert gedacht werden (und insofern als ‹gemischt› gelten), sind zunächst drei Stufen auseinander zu halten, nämlich die Ebene des Seins, die Ebene des Lebens und die Ebene des Denkens. Auf jedem dieser Niveaus werden wiederum Götterhierarchien angenommen: die intelligiblen Götter auf dem Niveau des Seins, die intelligibel-intellektiven Götter auf dem Niveau des Lebens und schließlich die intellektiven Götter auf dem Niveau des Denkens. Als darauf folgende Stufe schließt sich die Seele (*psychê*) an; gemeint ist eine intelligible, transzendente Entität, aus der sich die Weltseele und die Individualseelen ergeben sollen. Die nächste Stufe wird von der Natur (*physis*) gebildet. Mit *physis* meint Proklos eine die materielle Welt lenkende oder steuernde Instanz, die selbst immateriell ist. Als letzte Stufe folgt nun die materielle Welt, die Proklos als Körper (*sôma*) bezeichnet.

Damit zu den christlichen Autoren der Spätantike, die – von einigen stoischen Einflüssen abgesehen – durchgehend Mittel- oder Neuplatoniker waren. Christliche Apologeten begannen seit der zweiten Hälfte des zweiten Jahrhunderts damit, auf die Argumentations- und Ausdrucksmittel der Philosophie zurückzugreifen. Ein Verzicht auf die begrifflichen Mittel der Philosophie hätte dem Christentum den Charakter einer vulgären Sekte verliehen; der Spott der gebildeten heidnischen Öffentlichkeit ist ohnehin in den anti-christlichen Traktaten des Kelsos und später des Porphyrios greifbar. Christliche Autoren operierten daher mit den Momenten Würdigung, Instrumentalisierung, Überbietung und Verwerfung der heidnischen Philosophie, dies aber weitgehend mit deren eigenen begrifflichen Mitteln. Eine Verbindung von religiöser Offenbarung und Philosophie lässt sich zuvor schon bei dem jüdischen Philosophen Philon von Alexandrien ausmachen; Philon wirkte mit seiner Synthese aus Schrift- und Vernunftargumenten und mit seiner Verwendung platonischer und stoischer Begriffe zur Bibel-Interpretation als wichtiges Vorbild für christliche Autoren. Die Adaption der Philosophie durch christliche Apologeten beginnt mit Justinus, der bereits vor seiner Konversion Philosoph war und diese Selbstbezeichnung auch als Christ beibehielt. Er ging so weit, das Christentum insgesamt als Philosophie zu charakterisieren, und zwar mit einem Ausdruck aus der platonischen Tradition als ‹wahre Philosophie›. Justinus brachte damit die Überzeugung zum Ausdruck, die heidnische Philosophie vollende sich im Christentum; weil die Christen «mit dem Logos [d. h. mit Christus] leben» (*meta logou biountes*), sind sie nach Justinus «die wahren Philosophen» (*Apologie* 46). Insbesondere Clemens von Alexandria hat in seinen *Strômateis* diese These vom Christentum als der wahren Philosophie weiter ausgeführt. Der zentrale Vertreter einer christlichen Philosophie, die zugleich praktisch-asketisch aufgefasst wurde, ist im griechischen Osten neben Clemens besonders Origenes. Clemens spricht von einem «Dienst an den Menschen» (*peri tous anthrôpous therapeia*) mit dem Ziel ihrer moralischen Besserung, Einsicht und Rettung (*Strômateis* VII.1.3.1). Eine bedeutende Wirkung in der philosophischen Mystik altkirchlicher Autoren entfaltete das platonische Motiv der *homoiôsis theô*. Im lateinischen Westen griffen besonders Ambrosius, Marius Victorinus und Augustinus positiv auf die Philosophie zurück. Augustinus übersetzte ‹Philosophie› in Gefolge Ciceros als *studium sapientiae* oder *amor sapientiae* und bescheinigte neben dem Christentum auch dem Platonismus, mehr als nur eine «Weisheit dieser Welt» zu sein.

Augustinus von Hippo (354–430) ist neben Descartes und Kant vielleicht der einzige Autor aus der westlichen Philosophiegeschichte, der uns glauben lässt, dass man bei einem Philosophen unmittelbar eine historische Epochenschwelle miterleben kann. In Augustins Biographie und seinem Denken kommen die Spannungen und Ambiguitäten einer Übergangszeit in erstaunlich deutlicher Form zum Vorschein. Einerseits bildet die intellektuelle und politische Welt der Antike den festen Bezugspunkt des Augustinus. Er gehört dem Diskussionskontext der antiken Philosophie an, deren intellektualistische Grundhaltung er übernimmt und an deren Themen, Lehrgehalten und Methoden er sich auch dann orientiert, wenn er spezifisch christliche Themen behandelt. Andererseits sind dem Kirchenvater einige der Innovationen zuzuschreiben, die die Philosophie des Mittelalters und der Neuzeit gegenüber der Antike charakterisieren.

Augustins Lebenszeit fällt in die Phase des endgültigen Niedergangs des weströmischen Reichs. Geboren im Jahr 354 im nordafrikanischen Thagaste, studierte er in Karthago von 370 bis 373 Rhetorik; der rhetorisch-literarische Bildungsgang erschien ihm jedoch als zu oberflächlich. Augustinus berichtet von dem einschneidenden Leseerlebnis, das Ciceros Aufruf zur Philosophie in der Programmschrift *Hortensius* für ihn bedeutete. Die von Cicero angeregte philosophisch-weltanschauliche Suche führte Augustinus zunächst zum Manichäismus, einer in der Spätantike weit verbreiteten gnostischen Religion, die u. a. zahlreiche biblische Motive aufgriff, aber dualistisch uminterpretierte. Augustinus blieb neun Jahre lang Manichäer (373–382), bevor er sich enttäuscht abwandte. In seinen manichäischen Jahren vollzog Augustinus eine beachtliche Karriere, die den jungen Rhetorikprofessor von Karthago zunächst nach Rom und schließlich an den kaiserlichen Hof nach Mailand führte. Nachdem er in seiner römischen Zeit mit dem Skeptizismus der Neueren Akademie sympathisiert zu haben scheint, erhielt Augustinus in Mailand zwei bedeutende Anstöße, die ihn schließlich zum kirchlichen Christentum führten. Im Sommer 386 vollzog Augustinus eine markante Wendung hin zu einem platonisierenden Christentum, eine Wendung, die er im Bericht der *Confessiones* als ein hochdramatisches Bekehrungserlebnis schildert. Er entschloss sich zur Preisgabe seiner Karriere und zog sich mit Verwandten, Freunden und Schülern auf das Landgut Cassiciacum in Norditalien zurück. Im Jahr 387 ließ sich Augustinus taufen. Nach Mailand zurückgekehrt, widmete er sich ganz der philosophisch-schriftstellerischen Arbeit; er beabsichtigte, in Afrika ein klösterliches Leben zu führen (388). In Thagaste konnte Augustinus dieses monastische Ideal aber nur kurzzeitig realisieren. Er wurde bereits im Jahr 391 – nicht eben freiwillig – zum Priester geweiht und im Jahr 395 – ebenfalls auf Drängen der Gemeinde – zum Bischof der nordafrikanischen Stadt Hippo Regius berufen. Augustinus erlangte durch seine anti-manichäischen und anti-donatistischen Aktivitäten bald eine führende Rolle im Kreis der afrikanischen Bischöfe. Mit seiner Wendung gegen die Donatisten richtete sich der Bischof von Hippo u. a. gegen deren Ansicht, die Gültigkeit der kirchlichen Sakramente sei von der moralischen Dignität ihrer Spender abhängig. Nach 410 geriet Augustinus in langwierige Kontroversen mit den Pelagianern. Diese stellten sich scharf gegen Augustins Gnadentheorie. Bis in seine letzten Lebensjahre arbeitete Augustinus an den Großschriften *Enarrationes in Psalmos*, *De trinitate* und *De civitate dei*; in den *Retractationes* unterzog er seine Schriften einer selbstkritischen Generalrevision. Er starb im August 430 in Hippo Regius im Alter von fast 76 Jahren während einer Belagerung der Stadt durch die Vandalen.

Augustinus ist grundsätzlich Neuplatoniker; zugleich steht er jedoch für einige bemerkenswerte philosophiehistorische Innovationen. Drei seien hier hervorgehoben: (a) das Cogito-Argument, (b) der Willensbegriff und (c) das säkular-liberale Staatsmodell.

(a) In seinen Schriften findet sich eine Reihe von Stellen, die Descartes' Cogito-Argument auf überraschende Weise antizipieren. In Analogie zur cartesischen Konzeption eines *Cogito, (ergo) sum* spricht man unter Philosophiehistorikern daher auch von einem ‹augustinischen Cogito›. Im Frühwerk kommt ein solches Argument am deutlichsten in *De vera religione* zum Ausdruck, wo es heißt: Wer auf den Akt des Zweifelns achte, könne eben darin eine Gewissheit finden; wer an der Existenz von Wahrheit zweifle, könne eben in seinem Zweifel etwas unbezweifelbar Wahres entdecken. Nun zeigt sich bei näherem Hinsehen, dass Augustins Cogito an seinen wichtigsten Belegstellen mit der These verknüpft ist, das, was einem Menschen «unmittelbar vertraut» sei, sei eben sein Glücksstreben.

Eine einschlägige Stelle aus *De civitate dei* bildet hierfür den ausführlichsten und interessantesten Beleg (XI.26). Augustinus wendet sich gegen den Einwand der akademischen Skepsis, auch die Behauptung einer unmittelbaren Selbstgewissheit könne auf Täuschung beruhen. Augustinus antwortet auf den fiktiven Einwand eines Skeptikers, dem folgender Zweifel an der eigenen Existenz in den Mund gelegt wird: «Was wäre, wenn ich mich darin täuschte, dass ich existiere?» Der Kirchenvater macht geltend, dass die Annahme, ich täuschte mich in meiner Existenz, bereits impliziert, dass ich existiere; folglich sei mein eigenes Sein unbezweifelbar.

(b) Nicht minder innovativ ist Augustinus in einem anderen Kontext: im Zusammenhang mit seiner Willenstheorie. Im Œuvre des Kirchenvaters stoßen wir auf eine Reihe von Stellen, an denen unter ‹Wille› erstmals in der Philosophiegeschichte ein radikal freies Entscheidungsvermögen verstanden wird; dieses Wortverständnis wird zu der seit dem späten Mittelalter vorherrschenden Begriffsbedeutung. Mit dieser Innovation versucht der Kirchenvater das Theodizeeproblem sowie das Problem menschlicher Eigenverantwortlichkeit zu bewältigen. Der Wille bezeichnet dabei diejenige innere Entscheidungsinstanz, an der wir die Vorstellung von Verantwortlichkeit und Zurechenbarkeit festmachen und auf die wir moralische Leistungen oder Schuld, Lob oder Tadel, Belohnung oder Strafe zurückführen. Je nach der Güte des willentlichen Motivs lässt sich von einer guten oder bösen Handlung sprechen; die Qualität einer

Handlung wird also nach der Dignität des zugrundeliegenden Willens beurteilt. Gemeint ist ferner ein unmittelbar ich-nahes, kein triebhaft-irrationales Vermögen. Und es handelt sich um ein Vermögen, das ein Ereignis spontan und indeterminiert herbeiführen kann. Eine solche Spontaneität der Entscheidung und der Ausführung schließt die Fähigkeit ein, vollkommen willkürlich zu verfahren. Der Wille gestattet es somit, trotz klarer Einsicht in die Vorzüge der besseren Handlungsoption die schlechtere zu wählen, und er erlaubt es, im nächsten Augenblick vollkommen anders als bislang zu handeln. Das bedeutet keineswegs, dass der Wille irrational ist. Er verhält sich vielmehr neutral gegenüber der Alternative von Rationalität und Irrationalität. Kennzeichnend für ihn ist nur die Überlegtheit oder Bewusstheit einer willentlichen Zustimmung, nicht ihre Rationalität. Zwar besitzt Rationalität für eine bewusst getroffene Entscheidung einen normativen Charakter: Die Entscheidung soll rational ausfallen; aber längst nicht alle *bewusst* getroffenen Entscheidungen sind deshalb bereits *rational*. Und schließlich ist für den Willen charakteristisch, dass er seine Tätigkeit schlechthin nicht unterbrechen oder beenden kann. Wer über einen Willen verfügt, kann sich keinen Augenblick lang von ihm verabschieden und beispielsweise einfach nur triebhaft agieren. Auch ein impulsiv-irrationales Handeln muss zuvor von der Instanz des Willens als meine Handlungswahl abgesegnet worden sein. Der Wille besitzt die Fähigkeit, eine Entscheidung zu treffen, für die keine weiteren Ursachen mehr angebbar sind. Er stellt damit eine Größe dar, die erklärt, wie jemand schuldhaft handeln kann.

(c) Augustinus rückt mit seinem Modell von Staatslegitimation von der Hauptlinie der antiken Staatsbegründung ab. Statt die Staats- und Rechtsordnung mit dem Argument zu legitimieren, sie sei Ausdruck oder Abbild der göttlichen Gerechtigkeit, vertritt Augustinus die Auffassung, es handle sich um ein bloßes Interessenbündnis zum Vorteil aller Staatsbürger; Staat und Recht seien als Instrumente der Interessensicherung zu verstehen und als solche legitim. Die *terrena civitas* ist dann – trotz ihrer relativen Legitimität – von der *civitas dei* brückenlos geschieden. Zweifellos ist dies ein überraschender Punkt, den man bei einem Autor der christlichen Spätantike kaum erwarten würde. Denn der Platoniker Augustinus nähert sich mit dieser Staatsbegründung der neuzeitlichen Vertragstheorie an; auch diese hält die Tatsache konvergierender Interessen für staatskonstituierend und sieht in der Gedankenfigur einer vertraglichen Übereinkunft die legitimatorische Basis des Staates. Allerdings markiert der neuzeitliche Kontraktualismus ebenso wie sein rechtsphilosophisches Pendant, der Rechtspositivismus, eine ausgesprochen anti-platonische Position.

Bei näherem Hinsehen erweist sich Augustins Position aber keineswegs als deckungsgleich mit dem anti-platonischen Kontraktualismus eines Thomas Hobbes. Für ein angemessenes Verständnis Augustins in diesem Punkt bildet vielmehr der strebenstheoretisch-metaphysische Hintergrund seiner *civitas*-Konzeption eine unumgängliche Voraussetzung. In dieser vereinigen sich weit auseinanderliegende sprachliche und inhaltliche Aspekte. Der Begriff *civitas* bezeichnet zunächst eine soziale Gruppe, die Gemeinschaft der Bürger einer Stadt. Sodann steht er – als lateinisches Äquivalent des griechischen Ausdrucks Polis – für die Stadt als geographisch-territoriales Gebilde. Mit dem Begriff Polis hat *civitas* ferner den politischen und den religiösen Aspekt gemeinsam; gemeint ist eine städtische Bürgerschaft unter einer zwangsbefugten Regierung, die zugleich eine Kultgemeinschaft bildet. Über ‹Polis› hinaus meint der Ausdruck schließlich die abstrakte Zugehörigkeit zu einer Stadt, also deren Bürgerrecht oder Staatsbürgerschaft. Hingegen bezeichnet *civitas* niemals einfach den Staat; ‹*civitas dei*› bedeutet also nicht ‹Gottesstaat›, wie manche älteren Übersetzungen irrigerweise suggerieren, sondern eher ‹Stadt Gottes› oder ‹Gemeinschaft Gottes›.

Seine metaphysische *civitas*-Konzeption führt Augustinus zu einer charakteristischen Form der Staatskritik, exemplarisch vorgeführt als Kritik des römischen Expansionismus in den ersten vier Büchern von *De civitate dei*. Die Kritik gipfelt in der berühmten Seeräuberanekdote von Buch IV.4. In dieser Textpassage lässt Augustinus einen Seeräuber, der von Alexander dem Großen zur Rechenschaft gezogen wird, beherzt antworten: «Machst du es mit dem Erdkreis anders? Ich freilich mit meinem winzigen Schiff heiße Räuber, während man dich mit der großen Flotte Feldherr nennt». Der Kirchenvater weist mit der Anekdote auf eine staatsphilosophisch zentrale Schwierigkeit hin, nämlich auf die Frage, wie sich eine Rechts- und Staatsordnung von einer Räuberbande oder einem Verbrechersyndikat unterscheiden lässt. Entscheidend ist hierbei, den Sinn des Einleitungssatzes richtig zu bestimmen. «Bei fehlender Gerechtigkeit – was sind da Reiche anderes als große Räuberbanden?» (*remota itaque iustitia quid sunt regna nisi magna latrocinia?*). Zwei Lesarten sind möglich: Entweder versteht man den Ausdruck «bei fehlender Gerechtigkeit» konditional, nämlich im Sinn des bedingenden Nebensatzes «*dann*, aber auch nur dann, *wenn* Gerechtigkeit fehlt». In diesem Fall würde der Kirchenvater meinen, dass Staaten unter der Bedingung fehlender Gerechtigkeit mit Räuberbanden gleichzusetzen wären, sich bei vorhandener Gerechtigkeit hingegen von kriminellen Vereinigungen unterscheiden ließen. Oder aber man versteht «bei fehlender Gerechtigkeit» kausal, also im Sinn des begründenden Nebensatzes «*weil* Gerechtigkeit fehlt». Dann würde Augustinus meinen, dass Staaten die Gerechtigkeit ebenso abgeht wie Räuberbanden; Staaten wären dann ausnahmslos mit Räuberbanden gleichzusetzen.

Augustinus muss nun offenkundig die zweite Lesart im Sinn gehabt haben. Er ist keineswegs der Ansicht, eine politische Gemeinschaft stehe der *civitas dei* näher als etwa eine Räuberbande. Denn zwischen der *civitas dei* und einer *terrena civitas* gibt es nach augustinischer Auffassung keinerlei Urbild-Abbild-Verhältnis; irdische Gemeinschaften unterscheiden sich – qua Zweckverbände – allenfalls graduell voneinander. Staaten erreichen den Inbegriff einer moralischen Gemeinschaft, die *civitas dei*, nicht einmal näherungsweise. Anders gesagt: Augustinus nimmt keinen prinzipiellen Unterschied zwischen Staaten und Räuberbanden an.

Was Augustinus damit antizipiert, ist die Idee einer Loslösung des Staatsprinzips von jenen Lebenseinstellungen und Güterkonzeptionen der Bürger, die heilsrelevant sind. Damit greift er der für die Neuzeit kennzeichnenden Privatisierung und Verinnerlichung der Religion und zugleich der weltanschaulichen Neutralisierung des Staates vor. Dem Ausspruch Thomas Jeffersons «Wenn mein Nachbar meint, es gebe zwanzig Götter oder es gebe keinen Gott, so tut er mir nicht weh», hätte Augustinus also in gewissem Umfang zustimmen können. Dies hätte er freilich nicht um der Vielfalt von Glücksauffassungen willen getan, sondern aus einer Verbindung der eschatologischen Perspektive mit der Einsicht, dass die irdische Wirklichkeit prinzipiell unzulänglich von ihr bestimmbar ist. Augustins Staatskonzeption ist somit sicherlich nicht intrinsisch liberal; aber sie scheint in ihren Konsequenzen ein beachtliches liberales Potential aufzuweisen.

Mit Augustinus kann man eine Darstellung der antiken Philosophie sinnvoll enden lassen: Bei ihm erscheinen nochmals einige der wichtigsten philosophischen Motive dieser Tradition, teils bewahrt, teils in modifizierter Form. Zugleich markiert sein Werk aber einen Beginn: Im westlichen Mittelalter stellte das Werk des Augustinus nach der Bibel zweifellos die wichtigste Autorität in Fragen von Glauben, Theologie und Philosophie dar. Die scholastische Aristoteles-Rezeption hatte ihren Höhepunkt erst im 13. Jahrhundert, und selbst damals wurde Augustinus nicht einfach durch Aristoteles verdrängt. Man kann besonders drei Wirkungsfelder Augustins differenzieren. Als *theologischen Augustinismus* bezeichnet man das Fortwirken der Gnadenlehre. Der *philosophische Augustinismus* enthält im Kern eine These über den Zusammenhang von Philosophie und Theologie; er behauptet einerseits die Vollendung der Philosophie durch die Theologie, verlangt aber andererseits eine vernünftige Durchdringung der theologischen Inhalte. Schließlich spricht man im Blick auf das Mittelalter von einem *politischen Augustinismus*; damit gemeint sind alle Staatstheorien, welche vom Grundgegensatz zweier Reiche, eines himmlischen und eines irdischen Reichs ausgehen.

Anhang

Antike Philosophie: Zeittafel

Anfangspunkt der antiken Philosophie im Jahr 585 v. Chr.: Thales sagt eine Sonnenfinsternis voraus

I. Vorsokratik

Thales	6. Jh. v. Chr.
Anaximander	6. Jh. v. Chr.
Anaximenes	6. Jh. v. Chr.
Solon	ca. 640–570 v. Chr.
Pythagoras	6. Jh. v. Chr.
Heraklit	ca. 520–ca. 460 v. Chr.
Xenophanes	ca. 570–475 v. Chr.
Parmenides	Ende 5. Jh.–Beginn 4. Jh. v. Chr.
Zenon von Elea	fl. ca. 464 v. Chr.
Melissos	fl. ca. 441 v. Chr.

II. Philosophie im 5. Jahrhundert: Naturphilosophie, Sophistik und Sokratik

Anaxagoras	5. Jh. v. Chr.
Empedokles	483/2–424/3 v. Chr.
Leukipp	5. Jh. v. Chr.
Demokrit	5. Jh. v. Chr.
Gorgias	5.–4. Jh. v. Chr.
Protagoras	ca. 490–ca. 420 v. Chr.
Prodikos	5. Jh. v. Chr.

Hippias	5. Jh. v. Chr.
Antiphon	5. Jh. v. Chr.
Philolaos	ca. 470–ca. 385 v. Chr.
Sokrates	469–399 v. Chr.
Eukleides von Megara	Mitte 5. Jh.–erstes Drittel des 4. Jh. v. Chr.
Antisthenes	ca. 445–nach 366 v. Chr.
Diogenes von Sinope	412/403–324/321 v. Chr.
Aristipp der Ältere	Ende 5. Jh.–Mitte 4. Jh. v. Chr.

III. Klassische Periode: Platon und Aristoteles

Platon	428/7–348/7 v. Chr.
Eudoxos von Knidos	ca. 395–ca. 342 v. Chr.
Speusipp	ca. 410–339 v. Chr.
Xenokrates	ca. 396–314 v. Chr.
Aristoteles	384/3–322/1 v. Chr.
Theophrast	ca. 372–286 v. Chr.

IV. Hellenistische Philosophie

Pyrrhon von Elis	ca. 365/360–275/270 v. Chr.
Timon von Phleius	ca. 320–230 v. Chr.
Epikur	342/1–271/0 v. Chr.
Zenon von Kition	ca. 333–262 v. Chr.
Kleanthes	ca. 331/0–ca.230/229 v. Chr.
Chrysipp	3. Jh. v. Chr.
Ariston von Chios	Ende 4. Jh.–Mitte 3. Jh. v. Chr.
Antipater von Tarsus	ca. 210–ca. 130. v. Chr.
Arkesilaos	ca. 315/4–241/0 v. Chr.
Karneades	ca. 214/3–129/8 v. Chr.
Panaitios	ca. 180–letztes Jahrzehnt des 2. Jh. v. Chr.
Poseidonios	ca. 135–51 v. Chr.

V. Römische Republik und frühe Kaiserzeit

Philon von Larisa	159/8 (?)–84/83 v. Chr.
Cicero	106–43 v. Chr.
Lukrez	1. Jh. v. Chr.
Philodem von Gadara	ca. 110–40 v. Chr.
Musonius Rufus	25–95 n. Chr.
Epiktet	ca. 50–138 n. Chr.,
Seneca	ca. 4 v. Chr.–65 n. Chr.
Marc Aurel	121–180 n. Chr.
Antiochos von Askalon	2.–1. Jh.v. Chr.
Philon von Alexandrien	20/15–45/50 n. Chr.
Plutarch	ca. 45–ca. 125 n. Chr.
Gaios	Anfang/Mitte des 2. Jh. n. Chr.
Apuleius von Madaura	125–nach 170 n. Chr.
Numenios	fl. ca. 150 n. Chr.
Alkinoos	fl. Mitte 2. Jh. n. Chr. (?)
Areios Didymos	Ende 1. Jh. v. Chr.
Galen	129–nach 210 n. Chr.

VI. Spätantike

Diogenes von Oinoanda	Mitte/Ende 1. Jh.(?)–1./2. Jh. n. Chr. (?)
Sextus Empiricus	2. Hälfte 2. Jh./1. Hälfte 3. Jh.
Alexander von Aphrodisias	2.–3. Jh. n. Chr.
Themistios	ca. 317–388 n. Chr.
Diogenes Laertius	ca. 200 (?) n. Chr.
Ammonios Sakkas	Anfang 3. Jh. n. Chr.
Plotin	205–270
Porphyrios	234–ca. 305 n. Chr.
Iamblichos	ca. 245–ca. 320 n. Chr.

Dexippos	4. Jh. n. Chr.
Julian Apostata	Mitte 4. Jh. n. Chr.
Justin	2. Jh. n. Chr.
Clemens von Alexandrien	2.–3. Jh. n. Chr.
Origenes	185–nach Juni 251 n. Chr.
Marius Victorinus	281/291–365 n. Chr.
Gregor von Nazianz	329–390 n. Chr.
Basilius von Caesarea	330–378 n. Chr.
Gregor von Nyssa	335/340–400 n. Chr.
Augustinus	13. November 354–28. August 430 n. Chr.
Chalcidius	um 400 n. Chr.
Boethius	5.–4. Jh. n. Chr.
Pseudo-Dionysius Areopagita	5./6. Jh. n. Chr.
Syrianos	ca. 370–432 n. Chr.
Hypatia	ca. 355–415 n. Chr.
Proklos	412–485 n. Chr.
Damaskios	ca. 460–nach 538 n. Chr.
Ammonios Hermeiou	5.–6. Jh. n. Chr.
Simplikios	ca. 490–ca. 560 n. Chr.
Johannes Philoponos	ca. 490–570 n. Chr.

Schließung der heidnischen Philosophenschulen durch Kaiser Justinian im Jahr 529 n. Chr.

Literatur

Allgemeines zur Philosophie der Antike

Annas, J. 1993: The Morality of Happiness. Oxford.

Bächli, A./A. Graeser, 2000: Grundbegriffe der antiken Philosophie. Ein Lexikon. Ditzingen.

Goulet, R. (Hg.): Dictionnaire des philosophes antiques. Paris 1989 ff.

Guthrie, W. K. C. 1962–1981: History of Greek Philosophy. 6 Bde. Cambridge.

Hadot, P. 1991: Philosophie als Lebensform. Berlin.

Horn, Ch./Ch. Rapp (Hgg.) ²2008: Wörterbuch der antiken Philosophie. München.

Hossenfelder, M. 1991: Antike Glückslehren. Kynismus und Kyreanismus, Stoa, Epikur und Skepsis. Stuttgart.

Irwin, T. 1989: Classical Thought. Oxford.

Long, A. A. (Hg.) 2001: Handbuch frühe griechische Philosophie. Von Thales bis zu den Sophisten. Stuttgart.

Masek, M. 2011: Geschichte der antiken Philosophie, Göttingen.

Meyer, S. Sauvé 2008: Ancient Ethics. A Critical Introduction. London.

Niehues-Pröbsting, H. 2004: Die antike Philosophie. Schrift, Schule, Lebensform. Frankfurt a. M.

Nussbaum, M. C. 1986: The Fragility of Goodness. Luck and Ethics in Greek Tragedy and Philosophy. Cambridge.

Ricken, F. (Hg.) 1996: Philosophen der Antike. 2 Bde. Stuttgart.

Ricken, F. ³2000: Philosophie der Antike. Stuttgart u. a.

Ries, W. ²2010: Die Philosophie der Antike. Darmstadt.

Sedley, D. 2003 (Hg.): The Cambridge Companion to Greek and Roman Philosophy. Cambridge.

Shields, Ch. (Hg.) 2003: The Blackwell Guide to Ancient Philosophy. Malden u. a.

Shields, Ch. 2003: Classical Philosophy: A Contemporary Introduction. London.

Williams, B. 2000: Scham, Schuld und Notwendigkeit. Eine Wiederbelebung antiker Begriffe der Moral. Berlin.

Zeller, E. 1856–1868: Die Philosophie der Griechen in ihrer geschichtlichen Entwicklung. 6 Bde. Tübingen. (Nachdruck der 6. Auflage von 1919: Darmstadt 2006.)

1. Die Anfänge: Wie beginnt die philosophische Welterklärung?

Allen, R. E./D. J. Furley (Hgg.) 1970: Studies in Presocratic Philosophy. 2 Bde. London.

Barnes, J. 1982: The Presocratic Philosophers. London.

Diels, H./W. Kranz (Hgg.) 1912: Die Fragmente der Vorsokratiker. Griechisch/Deutsch. 3 Bde. Berlin. (Nachdruck: Zürich 1996)

Furley, D. 1987: The Greek Cosmologists. Vol. 1. Cambridge.

Gemelli, L. (Hg.) 2007–2010: Vorsokratiker. Griechisch/Deutsch. 3 Bde. Düsseldorf.

Kirk, G. S./J. Raven/M. Schofield (Hgg.) 2001: Die vorsokratischen Philosophen. Einführung, Texte und Kommentare. Ins Deutsche übersetzt von K. Hülser. Stuttgart.

Mansfeld, J. (Hg.) 1983/1986: Die Vorsokratiker. Griechisch/Deutsch. 2 Bde. Stuttgart.

Martin, M./O. Primavesi 1999: L'Empédocle de Strasbourg, Introduction, Édition et Commentaire. Berlin/New York.

Rapp, Ch. 2007: Vorsokratiker. München.

Riedweg, Ch. ²2007: Pythagoras: Leben – Lehre – Nachwirkung. Eine Einführung. München.

Schadewaldt, W. 1978: Die Anfänge der Philosophie bei den Griechen. Hg. von Ingeborg Schudoma, Frankfurt a. M.

2. Das fünfte Jahrhundert: Philosophie in der Blütezeit Athens

Buchheim, Th. 1986: Die Sophistik als Avantgarde normalen Lebens. Hamburg.

Classen, C. J. (Hg.) 1976: Sophistik. Darmstadt.

Flashar, H. (Hg.) 1998: Sophistik. Sokrates. Sokratik. Mathematik. Medizin. Ueberweg: Grundriss der Geschichte der Philosophie 2/1. Darmstadt.

Kerferd, G. B. 1981: The Sophistic Movement. Cambridge.

Mansfeld, J. 1986: Die Vorsokratiker II: Zenon, Empedokles, Anaxagoras, Leukipp, Demokrit. Stuttgart.

Rudebusch, G. 2009: Socrates. Oxford.

Schirren, T./T. Zinsmaier (Hgg.) 2003: Die Sophisten. Ausgewählte Texte. Griechisch-Deutsch. Stuttgart.

Schofield, M. 1980: An Essay on Anaxagoras. Cambridge.

Vander Waerdt, P. A. (Hg.), 1994, The Socratic Movement. Ithaca.

Vlastos, G. 1991: Socrates, Ironist and Moral Philosopher. Cambridge.

3. Die klassische Philosophie: Platon und Aristoteles

Annas, J. 1981: An Introduction to Plato's Republic. Oxford.

Barnes, J. 1992: Aristoteles. Eine Einführung. Ditzingen.

Barnes, J. (Hg.) 1995: The Cambridge Companion to Aristotle. Cambridge.

Bordt, M. 1999: Platon. Freiburg/Basel/Wien.

Campbell, L. 1867: Sophistes and Politicus of Plato. London.

Dittenberger, W. 1881: Sprachliche Kriterien für die Chronologie der platonischen Dialoge. In: Hermes 16, 321–345.

Erler, M. 2007: Platon. Ueberweg: Grundriss der Geschichte der Philosophie 2/2. Darmstadt.

Flashar, H. (Hg.) 1983: Ältere Akademie, Aristoteles, Peripatos. Ueberweg: Grundriss der Geschichte der Philosophie 3. Darmstadt.

Görgemanns, H. 1994: Platon. Heidelberg.
Höffe, O. 1996: Aristoteles. München.
Höffe, O. (Hg.) 2005: Aristoteles-Lexikon. Stuttgart.
Horn, Ch./J. Müller/J. Söder (Hgg.) 2009: Platon-Handbuch. Leben–Werk–Wirkung. Stuttgart/Weimar.
Kraut, R. 1992 (Hg.): The Cambridge Companion to Plato. Cambridge.
Rapp, Ch. [4]2012: Aristoteles zur Einführung. Hamburg.
Rapp, Ch./K. Corcilius (Hgg.) 2011: Aristoteles-Handbuch. Leben–Werk–Wirkung. Stuttgart/Weimar.
Shields, Ch. 2007: Aristotle. New York.
Szlezák, T. A. 1993: Platon lesen. Stuttgart-Bad Cannstatt.
Wolf, U. 1996: Die Suche nach dem guten Leben. Platons Frühdialoge. Reinbek bei Hamburg.

4. Hellenistische Philosophie: Nicht nur Kontroversen über die richtige Lebenspraxis

Algra, K./J. Barnes/J. Mansfeld/M. Schofield (Hgg.) 1999: The Cambridge History of Hellenistic Philosophy. Cambridge.
Annas, J./J. Barnes (Hgg.) 1985: The Modes of Skepticism: Ancient Texts and Modern Interpretations. Cambridge.
Annas, J. 1992: Hellenistic Philosophy of Mind. Berkeley.
v. Arnim, H. 1903 ff.: Stoicorum Veterum Fragmenta, I–III u. Index. Nachdruck Stuttgart 1964.
Arrighetti, G. [2]1973: Epicuro. Opere. Turin.
Brennan, T. 2005: The Stoic Life. Oxford.
Flashar, H. (Hg.) 1994: Die hellenistische Philosophie. Ueberweg: Grundriss der Geschichte der Philosophie 4. 2 Bde. Basel.
Hadot, P. 1995: Qu›est-ce que la philosophie antique? Paris.
Hankinson, R. J. 1998: The Skeptics. London.
Horn, Ch. 1998: Antike Lebenskunst. Glück und Moral von Sokrates bis zu den Neuplatonikern. München.
Hossenfelder, M./W. Röd 1985: Stoa, Epikureismus und Skepsis. Geschichte der Philosophie Bd. 3. München.
Hossenfelder, M. 1991: Epikur. München.
Hülser, K. 1987–1988: Die Fragmente zur Dialektik der Stoiker. Neue Sammlung der Texte mit deutscher Übersetzung und Kommentaren. 4 Bde. Stuttgart-Bad Cannstatt.
Inwood, B. 2003: The Cambridge Companion to the Stoics, Cambridge.
Inwood, B./L. Gerson (Hgg.) 2008: The Stoics Reader: Selected Writings and Testimonia. Indianapolis.
Long, A. A. [2]1986: Hellenistic Philosophy: Stoics, Epicureans, Skeptics. London.
Long, A. A./D. Sedley 1987: The Hellenistic Philosophers. Cambridge.
Nussbaum, M. C. 1996: The Therapy of Desire. Princeton.
Rapp, Ch. 2010: Epikur. Ausgewählte Schriften. Stuttgart.

Sharples, R. W. 1996: Stoics, Epicureans, and Skeptics. London.
Usener, H. 1887: Epicurea. Leipzig.

5. Philosophie in Rom: Übersetzungsleistungen

Algra, K. A./M. H. Koenen/P. H. Schrijvers (Hgg.) 1997: Lucretius and his Intellectual Background. Amsterdam.
Girardet, K. M. 1983: Die Ordnung der Welt. Ein Beitrag zur philosophischen und politischen Interpretation von Ciceros Schrift *De legibus*. Wiesbaden.
Glucker, J. 1978: Antiochus and the Late Academy. Göttingen.
Griffin, M./L. Barnes (Hgg.) 1989: Philosophia Togata: Essays on Philosophy and Roman Society. 2 vols. Oxford.
Hadot, P. 1997: Die innere Burg. Anleitung zu einer Lektüre Marc Aurels. Frankfurt a. M.
Long, A. A. 2002: Epictetus: A Stoic and Socratic Guide to Life. Oxford.
Maurach, G. [3]2000: Seneca. Leben und Werk. Darmstadt.
Powell, J. G. F. (Hg.) 1995: Cicero the Philosopher. Oxford.
Sedley, D. 1998: Lucretius and the Transformation of Greek Wisdom. Cambridge.
Wildberger, J. 2006: Seneca und die Stoa: Der Platz des Menschen in der Welt. 2 Bde. Berlin/New York.

6. Kaiserzeit und Spätantike: Heidnischer und christlicher Platonismus

Beierwaltes, W. 1985: Denken des Einen. Studien zur neuplatonischen Philosophie und ihrer Wirkungsgeschichte. Frankfurt a. M.
Beierwaltes, W. 2011: Fußnoten zu Plato. Frankfurt a. M.
Deuse, W. 1983: Untersuchungen zur mittelplatonischen und neuplatonischen Seelenlehre. Wiesbaden.
Dillon, J./L. Gerson (Hgg.) 2004: Neoplatonic Philosophy. Introductory Readings. Indianapolis.
Dillon, J. 1977: The Middle Platonists: A Study of Platonism, 80 BC to AD 220. London.
Fuhrer, Th. 2004: Augustinus. Darmstadt.
Gersh, S./M. Hoenen (Hgg.) 2002: The Platonic Tradition in the Middle Ages. Berlin.
Gerson, L. (Hg.) 1996: The Cambridge Companion to Plotinus. Cambridge.
Gombocz, W. 1997: Die Philosophie der ausgehenden Antike und des frühen Mittelalters. München.
Hadot, P. 1968: Porphyre et Victorinus. 2 Bde. Paris.
Horn, Ch. 1995: Augustinus. München.
O'Meara, D. 1993: Plotinus: An Introduction to the Enneads. Oxford.
Sorabji, R. (Hg.) 2004: Philosophy of the Commentators, 200–600 AD. 3 Bde. London.

Personenregister

Adrastos 83
Aetius 31
Agrippina 90
Akademische Skeptiker 74
Alexander der Große 56
Alexander von Aphrodisias 84, 98
Alkibiades 35
Alkinoos 81 f.
Ambrosius 103
Ammonios Sakkas 96
Anaxagoras 29–32, 38
Anaximander von Milet 12 f.
Anaximenes 13
Andronikos von Rhodos 83
Antiochos von Askalon 81, 86
Antiphon 33, 36
Antisthenes 66–68
Antoninus Pius 91
Apuleius von Madaura 81
Archytas 42
Areios 83
Areios Dydimos 83
Aristipp 66 f.
Aristokles 84
Aristophanes 37
Aristoteles 9 f., 14, 19, 33, 35, 37 f., 41 f., 51, 55–65, 76, 83 f., 99 f., 110
Arkesilaos 78
von Arnim, Hans 73
Augustus 83, 94
Augustinus 66, 104–110

Bias 9
Boethius 94

Chilon 9
Chrysipp 65, 73–75, 77
Cicero 26–27, 29, 44, 76, 81, 84, 86–89, 104
Clemens von Alexandria 103

Damaskios 95
Darwin, Charles 25
Demokrit 31–34, 84
Descartes, René 104–105
Dexippos 95
Dio Cassius 91
Diogenes Laertius 31, 69, 78
Diogenes von Sinope 68
Diokletian 94
Dionysios I. 42
Dionysios II. 42

Eleaten 16, 20, 41
Empedokles 23–25, 30 f.
Epiktet 73, 91
Epikur 65, 68–72, 84, 86
Epikureer 66, 69, 82
Euklid 100

Freud, Sigmund 51
Fuhrmann, Manfred 90

Gaios 81
Galen 82
Gallienus 97
Girardet, Klaus M. 87 f.
Gordian III. 96
Gorgias 33, 35

Hadot, Pierre 93
Helvia 89
Heraklit 13–16, 41
Hermann, Karl F. 44
Hermias von Atarneus 56

Herodot 26, 28, 69
Hesiod 8, 11, 17
Hippias 33, 36
Hippokrates 82
Hobbes, Thomas 108
Homer 8, 11, 17
Hülser, Karlheinz 73

Iamblich 95, 98 f., 101

Jefferson, Thomas 110
Johannes Philoponos 95
Justinian 8, 94
Justinus 103

Kallikles 33, 35 f.
Kant, Immanuel 104
Karneades 78
Kelsos 103
Kleanthes 73
Kleoboulos 9
Konstantin 94
Kratylos 41
Kritias 33
Kyniker 66–68
Kyrenaiker 66 f.

Leibniz, Gottfried W. 58
Leon, Fürst von Phlius 26
Leukipp 31
Long, Arthur 73
Lukrez 81, 84–86
Lykophron 33, 36

Marc Aurel 73, 91–93
Marcia 89
Marius Victorinus 103
Melissos 16
Menoikeus 69
Mittelplatoniker 80–82, 97, 102
Myson 9

Nausiphanes 69
Nero 90
Neuplatoniker 95, 98–100, 102, 105, 108
Neupythagoreer 23
Numenios 81 f.

Origenes 96, 103

Panaitios 73
Parmenides 16–19, 21, 29–31
Perikles 28 f., 35
Peripatetiker (Rom) 80, 82 f.
Phidias 28, 99
Philolaos 21
Philon von Alexandrien 81, 103
Philon von Larisa 86
Pittakos 9
Platon 13 f., 17, 19, 26, 33, 35–37, 39–56, 58–61, 65, 73, 76, 81, 87, 95, 97–101, 103
Plotin 82, 95–99
Plutarch 81, 99
Polybios 89
Porphyrios 95–99, 103
Poseidonios 73, 87
Prodikos 33, 36
Proklos 95 f., 99–102
Protagoras 33–35, 67
Pyrrhon von Elis 78
Pyrrhonische Skeptiker 66, 78 f.
Pythagoras 20–24, 26 f., 30
Pythagoreer 21, 23, 41 f.

Raffael 55
Romulus Augustulus 94
Rusticus 91
Rutilius Rufus 87

Salonina 97
Schadewaldt, Wolfgang 26
Schlegel, Friedrich 45
Schleiermacher, Friedrich 45
Sedley, David 73
Seneca 73, 81, 84, 89–91
Simplikios 12, 19, 95

Sokrates 17, 29, 33, 36–40, 41–43, 46, 49–51, 54, 66
Solon 9, 26
Sophisten 29, 33–35, 37, 51, 55
Sosigenes 83
Stobaios 83
Stoiker 66, 72–77, 80, 82, 88 f., 91
Syrianos 95, 99

Tacitus 90
Thales von Milet 8–13
Theophrast 56
Thrasyllos 42
Thrasymachos 33, 36
Thukydides 28
Timon von Phleius 78

Xenophanes 16 f.
Xenophon 37

Zenon von Elea 16, 19 f.
Zenon von Kition 73–75

Werkabkürzungen

Aristoteles	
EN	Ethica Nikomachea (Nikomachische Ethik)
Cicero	
fin.	De finibus
DK	Diels/Kranz: Fragmente der Vorsokratiker
DL	Diogenes Laertius: Diogenis Laertii vitae philosophorum
LS	Long/Sedley: The Hellenistic Philosophers
Numenios	
Frg. des Places	Fragmente, hrsg. von E. des Places
Platon	
Apol.	Apologie
Rep.	Politeia (Der Staat; De re publica)
Sextus Empiricus	
Adv.Math.	Adversus mathematicos
SVF	von Arnim: Stoicorum veterum fragmenta

Aus dem Verlagsprogramm

Christoph Horn bei C.H.Beck

Christoph Horn
Antike Lebenskunst
Glück und Moral von Sokrates bis zu den Neuplatonikern
3. Auflage. 2014. 271 Seiten. Paperback
Beck'sche Reihe Band 1271

Christoph Horn
Augustinus
3. Auflage. 2015. 185 Seiten. Paperback
Beck'sche Reihe Band 531

Christoph Horn, Christof Rapp (Hrsg.)
Wörterbuch der antiken Philosophie
2. Auflage. 2008. 502 Seiten. Paperback
Beck'sche Reihe Band 1483

Otfried Höffe
Lexikon der Ethik
Herausgegeben von Otfried Höffe,
in Zusammenarbeit mit Maximilian Forschner,
Christoph Horn und Wilhelm Vossenkuhl
7., neubearbeitete und erweiterte Auflage. 2008.
379 Seiten. Paperback
Beck'sche Reihe Band 152

C.H.Beck

Philosophie in C.H.Beck Wissen

Albert Newen
Philosophie des Geistes
2013. 144 Seiten. Paperback
C.H.Beck Wissen Band 2806

Otfried Höffe
Ethik
Eine Einführung
2., durchges. Auflage. 2018 128 Seiten. Paperback
C.H.Beck Wissen Band 2800

Klaus Kornwachs
Philosophie der Technik
Eine Einführung
2013. 128 Seiten. Paperback
C.H.Beck Wissen Band 2805

Dietmar von der Pfordten
Rechtsphilosophie
Eine Einführung
2013. 128 Seiten. Paperback
C.H.Beck Wissen Band 2801

Annemarie Pieper
Gut und Böse
4., durchgesehene Auflage. 2019. 128 Seiten. Paperback
C.H.Beck Wissen Band 2077

Ulrich Rudolph
Islamische Philosophie
Von den Anfängen bis zur Gegenwart
4. Auflage. 2018. 128 Seiten. Paperback
C.H.Beck Wissen Band 2352

C.H.Beck

C.H.BECK WISSEN

Zuletzt erschienen:

2004: Wolfram, **Die Germanen**
2012: Bringmann, **Römische Geschichte**
2059: Schrenk, **Die Frühzeit des Menschen**
2077: Pieper, **Gut und Böse**
2106: Kloft, **Mysterienkulte der Antike**
2148: Matz, **Die 1000 wichtigsten Daten der Weltgeschichte**
2305: Schlögl, **Das Alte Ägypten**
2310: Schneede, **Vincent van Gogh**
2322: Rothermund, **Gandhi**
2325: Reinhardt, **Geschichte Roms**
2347: Thamer, **Die Französische Revolution**
2366: Rahmstorf/Schellnhuber, **Der Klimawandel**
2367: Schmidt-Glintzer, **Der Buddhismus**
2375: Kolb, **Der Frieden von Versailles**
2389: Leitner, **Die Aborigines Australiens**
2470: Möllers, **Das Grundgesetz**
2477: Mai, **Die Weimarer Republik**
2520: Busch, **Goya**
2521: Büttner, **Pieter Bruegel d.Ä.**
2705: Will, **Die Perserkriege**
2822: Haag/Wild, **Philosophie der Neuzeit**
2860: Deger-Jalkotzy/Hertel, **Das mykenische Griechenland**
2876: Jaspert, **Die Reconquista**
2883: Nerdinger, **Das Bauhaus**
2885: Leitzmann, **Veganismus**
2886: Sieroka, **Philosophie der Zeit**
2887: Schipper, **Geschichte Israels in der Antike**
2888: Daum, **Alexander von Humboldt**
2889: Grewe, **Gold**
2890: Huber, **Die Konquistadoren**
2891: Küster, **Der Wald**
2892: Schunka, **Die Hugenotten**
2893: Willms, **Napoleon**
2894: Breitenstein, **Die Benediktiner**
2895: Böhme, **Resilienz**
2896: Egeler, **Der Heilige Gral**
2897: Kaufmann, **Die Täufer**
2898: Kinzig, **Christenverfolgung in der Antike**
2900: Lang, **Himmel, Hölle, Paradies**